新渡戸稲造のまなざし

三島徳三
Mishima Tokuzo

北海道大学出版会

札幌農学校教授時代の新渡戸稲造（明治29年7月）
（撮影・武林写真館/三島常磐　所蔵・札幌市公文書館）

北側から見た札幌農学校校舎（天文台、北講堂、演武場、寄宿舎）
（撮影・三島常磐　所蔵・北海道大学北方資料室）

英文『武士道』初版、
Philadelphia: Leeds & Biddle,
1900（所蔵・Houghton Library,
Harvard University）

晩年の新渡戸稲造（昭和 7 年春）
（所蔵・札幌市公文書館）

まえがき

新渡戸稲造に関する本は、これまで多数刊行されてきました。にもかかわらず、なぜいま再び新渡戸本を世に出そうとするのか、理由は三つあります。

第一は、現代日本において教育の危機、とくに道徳の荒廃が進んでいることです。第二は内的・外的要因から日本農業がその存在を問われる事態になっていることです。第三に自国第一主義の横行の中で、第二次大戦後につくられた国際秩序が崩壊の危機に瀕していることです。

一見、性格の違うこの三つの現代的問題に対して、新渡戸稲造の業績は、すでに没後九〇年近く経っていながら、いまも時空を超えて示唆を与えています。

新渡戸稲造と聞けば、多くの方は「武士道」、国際人、旧五千円札の肖像、といったことが頭に浮かびます。彼の仕事はあまりにも多方面に及ぶので、ひとことで言い表すことはできませんが、私は大きくは三つの側面から論ずることとします。

第一は、教育者・啓蒙思想家としての新渡戸稲造です。

第二は、農学・農業経済学者としての新渡戸稲造です。

第三は、愛国者であると同時に国際主義者としての新渡戸稲造です。

この三つの側面は、先ほど述べた三つの現代的問題に対応させています。

第一の側面に関して言えば、新渡戸は札幌農学校に始まり、京都帝国大学、東京帝国大学、第一高等学校、東京女子大学などで教授・校長・学長等を務め、若き学生に多大な影響を与えました。教育者としての新渡戸がもっとも力を入れたのは、人格形成と個性の尊重ということでした。東京女子大学初代学長として卒業生に贈った、「知識よりも見識、学問よりも人格を尊び、人材よりは人物を養成」という同大学の目的を伝えた言葉は、教育に携わる者すべてが襟を正して聞くべきものと思います。

また、札幌農学校教授時代には札幌遠友夜学校、北鳴学校（中学）、スミス女学校などの創設と運営に関わりました。とくに貧民子弟の教育を目的とした札幌遠友夜学校は、人格形成と実学を教育方針としました。この校是は農学校生・北大生による教師陣と生徒達の友愛、および両者の学問への熱意と共に、混迷する今日の学校教育に対して多くの示唆を与えてくれます。

人格形成の根底には、人間は何のために生きるのかという内省と、社会で生活する人間としての道徳がなくてはなりません。この点では、新渡戸の代表的著作である『武士道――日本の魂』は、現代でも生命力を失っていません。軽佻浮薄で自己中心的な風潮がはびこる現代日本の世相の中で、新渡戸「武士道」は、再評価すべき格好のテキストです。外国人に日本の精神構造を理解してもらうために書いた『武士道』ですが、この本は『修養』その他の大衆向け著作と共に、新渡戸稲造の啓蒙思想を伝えるものです。

該博な知識を持ち、八面六臂の仕事をした新渡戸ですが、大学人・学者としての専門は農学の中の農業経済学（とくに農政学）でした。在職した京都帝国大学や東京帝国大学では、植民学・植民政策の講義も行いましたが、自身では植民学の研究書は執筆しておらず、のちに弟子の矢内原忠雄が編集した講義録等（『新渡戸博士植民政策講義及論文集』）があるだけです。

これに対して農学・農業経済学分野では、『農業本論』および『農業発達史』という大部の研究書をまとめ出版しています。新渡戸は佐藤昌介と共に日本最初の農学博士ですが、これは上記の研究が評価されたことによります。

とくに『農業本論』は農業を多面的角度から研究したもので、本邦初の農学の体系化と呼ぶのにふさわしい大著ですが、農業経済学者としての私が関心をもつのは、同書の最終章に出てくる「農工商鼎立論《ていりつ》」です。現在日本農業は、農産物貿易の自由化と農業の担い手減少の中で、存亡の危機にありますが、「工」「商」の二本足だけで国民経済の自立を維持することは不可能です。過疎化が進む地方では、農業・農村は食料・原料の供給者であると同時に、消費市場としても重要な地位にあります。

日本農業の危機的状況を脱するために、新渡戸『農業本論』から学ぶものはたくさんあります。同書の中で熱く語られている「地方学《ヂカタ》」もその一つです。農業経済学界としても、この著作を再評価しなくてはなりません。これが第二の側面の主な内容です。

第三の側面は、愛国者・国際主義者としての新渡戸から学ぶことです。

一般には新渡戸は「国際人」として知られていますが、それは彼の国際連盟の初代事務次長としての活躍から来ています。新渡戸が、東京大学に遊学するときに面接官に語った「我、太平洋の架け橋たらん」という言葉は有名ですが、これは日本の文化を西洋に紹介し、西洋の文化を日本に紹介する仲介者になりたい、という意味です。

『武士道』も、日本の精神・道徳を西洋人に分かりやすく伝えようという意図から書いたものです。また、生涯に二度も米国で連続講演を行い、日本文化の紹介を行いました。キリスト教を母体とする西洋の人格概念を、天皇制国家・日本に導入しようとしたのも新渡戸でした。新渡戸が教育・思想界で説いた個人の尊重や国民の平等は、新渡戸の死後、戦後の日本国憲法の中で花が開きました。

このように新渡戸は国際人として、西洋と日本の「架け橋」になりましたが、同時に彼は、祖国日本をこよなく愛するナショナリストでした。だが、戦前日本で跋扈《ばっこ》した偏狭なナショナリストではありません。日本民族の優越性を主張する右翼思想は、ショーヴィニズム（熱狂的愛国主義）として退けました。ショーヴィニズムとはナポレオン一世を熱狂的に崇拝した兵士 Chauvin に由来した言葉です。

新渡戸のナショナリズムはまずは自国を愛するものでしたが、同時に各国のナショナリズムも尊重するものでした。そうしたナショナリズムを繋ぐものがインターナショナリズム（国際主義）です。新渡戸のインターナショナリズムの根底には「共存と寛容」の思想がありました。自国第一主義は、他国への軍事的優越政策を伴っており、世界ではいま一触即発の武力衝突の危機が進行していきます。そうした状況を克服するには、各国が「共存と寛容」の思想に立ち、軍事的「備え」を極力少なくしていくことが求められます。これも新渡戸が言っていることです。

このように新渡戸稲造の業績を、上述の三つの側面から検討することは、日本と世界の現状を憂うる人たちに、少なからぬ示唆と希望を与えるものです。

五千円札から新渡戸稲造の肖像が消えて四半世紀が経過し、世間からは「忘れられた偉人」になりつつありますが、どっこい、彼の業績は今でも光彩を放っています。旧五千円札の新渡戸のまなざしは、愁いを含んでいますが、優しく温かく、見方によっては厳しいものがあります。新渡戸のまなざしから見れば、現代の日本と世界はどう映るのか、これが本書全体を貫く問題意識です。書名の『新渡戸稲造のまなざし』には、そうした著者の秘めた狙いが込められています。本書が、多くの読者の目に触れ、〝現代〟を考えるきっかけと視点を与えることができるならば、これに過ぎる喜びはありません。

観光客で賑わう北海道大学ポプラ並木の入り口付近に、新渡戸稲造博士顕彰碑（銅像）があります。今から二六年前、北大創立百二十周年を記念し、同窓生の寄付によって建立されたものです。この銅像の除幕式に先立ち、私は「新渡戸稲造——その業績と現代的意義」と題して講演しました。これが本書の第1章となっています。

最初にこの章を読み、新渡戸稲造が何をした人かを概略つかんだうえで（本文一六二頁には「新渡戸稲造略年表」もあります）、あなたの関心に応じて新渡戸稲造を知る旅に出てください。

教育者・啓蒙思想家としての新渡戸稲造を知りたい方は、第2章及び第4章、5章に。

農学・農業経済学者としての新渡戸稲造を知りたい方は、第3章に。

愛国者・国際主義者としての新渡戸稲造を知りたい方は、第6章、7章に。

なお、本書は私がこれまで講演や投稿したものから構成されていますが、最初に発表した年月等については各章の末尾に付記してありますので、参考にしてください。

では、旅先でお会いしましょう。

二〇二〇年二月

三島徳三

目次

第1章　新渡戸稲造――その業績と現代的意義

はじめに

私は、北大農学部で農業経済学を専攻するものでありまして、新渡戸稲造博士の専門的研究者ではありません。しかし、博士は、わが北大農業経済学科の前身である札幌農学校の農業経済学教室の創設者であり、学問的にはわが国の農学、農業経済学の草分けであります。こういう次第で私が講演することになったわけでありますが、本日の講演では、時間の制約もあって、博士の足跡と業績を時系列的に紹介し、最後に博士の業績や思想の現代的意義について私見を述べさせていただきたいと思います。

なお、私は、新渡戸稲造先生を尊敬する点では人後に落ちないつもりでありますが、一方で先生はすでに歴史上の人物であり、ここでは、しばしば、新渡戸とか稲造とか、尊称抜きでお話しすることをお許しいただきたいと思います。

生い立ち

新渡戸稲造は、一八六二（文久二）年、盛岡の南部藩士新渡戸十次郎・せきの三男として、現在の盛岡市鷹匠小路《たかしょうこうじ》に生まれました。祖父の新渡戸伝《つとう》は、現在の十和田市周辺にあたります三本木原開拓の功労者であります。伝は当時不毛の地であった三本木原を水田にするため、十和田湖を源流とする奥入瀬川から苦労して水路を引き、灌漑用水路を完成させました。その水路は稲生川《いなおいがわ》と名付けられたのでありますが、その灌漑用水を使った水田から最初の米が収穫された年に博士が生まれたため、稲の一字をとって「稲之助」という名前がつけられたようであります。なお、「稲之助」は幼名でありまして、その後、わけあって「稲造」に改名しました。

余談ではありますが、稲造が札幌農学校に入学し、農学を志した背景には、明治天皇が東北巡幸の折、三本木原開拓の功労者である新渡戸伝家を行在所《あんざいしょ》にし、「子々孫々農事に励め」と優諚され、新渡戸家に金一封を与えたことが、子供の頃の稲造に少なからぬ影響を与えたということがあるようです。

稲造が六歳の時に明治維新がありました。時代は徳川幕藩体制から近代社会へと大きく変わっていったわけでありますが、こうした激動期の中で稲造の叔父にあたる太田時敏から、盛岡の新渡戸家に対し、一通の手紙が舞い込みました。その内容は、「子供をいつまでも田舎においておいては、出世はできない。東京へ遊学させたらどうか。」というものでした。

太田時敏は、幕末期から南部藩の江戸屋敷に武士として在住しており、時世の変化を肌で感じていた人でした。

稲造の父・十次郎は、稲造五歳の時にすでに他界しておりましたので、母せきは祖父の伝と相談のうえ、稲造と兄の道郎を東京遊学させることにし、同時に稲造を子供のいなかった太田時敏に養子に出し、教育を委ねることにいたしました。稲造、十歳の時であります。

上京後、稲造は一四歳で、天下の秀才の集まった東京外国語学校（のちの第一高等学校）に入学しました。入学の時、稲造は法律を勉強し、将来、政治家になる希望をもっていましたが、在学中に文部省の西村某という方から、「これからは理工系の学問が重要」と言われて進路を修正し、農学への関心を強めてまいりました。

札幌農学校――精神の誕生地

そうした中で、同郷の先輩の佐藤昌介（北大初代総長）が、一八七六（明治九）年に開学した札幌農学校に入学したことに影響を受け、一八七七（明治一〇）年、札幌農学校に二期生として入学しました。この時、稲造は一六歳で札幌農学校入学の最低の年齢でありましたが、同期生には一歳年上の内村鑑三、二歳年上の宮部金吾がおりました。

創立当時の札幌農学校は、現在の時計台付近、北一条から北三条、西一条から西二条の中に校舎や寄宿舎が散在しておりました。

ご承知のとおり創設時の札幌農学校は、当時、マサチューセッツ州立農科大学の学長であったウイリアム・スミス・クラーク博士が教頭を務め、校則を全廃して、「Be Gentleman 紳士たれ」を唯一の指針とするとともに、学生に英文の聖書を配り、キリスト教にもとづく人格教育を徹底させていました。しかし、クラーク博士の在任期間はわずか八カ月で、稲造ら二期生が入学した時には、すでにクラーク博士は"Boys, be ambitious"の言葉を残して札幌を去っておりました。だが、クラークのあとに教頭に就任したホイラー教授や農学のブルックス教授らがクラークの教育精神を受け継ぎ、さらにほとんど全員がクリスチャンになっていた一期生の影響を受け、太田稲造、内村鑑三、宮部金吾を含む二期生の多くが、クラークの残した「イエスを信ずる者の誓約」に署名しました。なお、稲造は、東京遊学中に、英文の聖書を買い求め、早くからキリスト教に親しんでいたこともあって、「イエスを信ずる者の誓約」には、二期生の中でもっとも早く署名をいたしました。さらに、翌年には、内村鑑三、宮部金吾らと共に、宣教師ハリスより洗礼を受けました。

こうして稲造は、親友の内村鑑三、宮部金吾、さらには一期生の大島正健、伊藤一隆らと共に、札幌におけるクリスチャンの草分けとなり、彼らはその後、明治一四年に札幌基督教会（のちの札幌独立基督教会）をつくることになります。

ところで、稲造は、入学以来、とくに農学や英語の勉強に力を入れ、一七名の同期生の中で、つねに一～二位を争う成績を上げておりました。また、たいへん明るく活動的で運動も大好きな少年でありました。ところが、「イエスを信ずる者の誓約」に署名して以来、毎日、読書に明け暮れるようになりました。農学校の図書室には、クラーク博士が残していった膨大な洋書がありましたが、稲造は、そのうち人文科学や社会科学の本を次から次へと読破していきました。だが、そうした読書三昧の生活を続けていくうちに、性格が内向的になり、友人からはモンク（修道僧）というあだ名がつけられるようになりました。のちに稲造は、札幌独立教会において講演をしておりますが、その中で、「札幌は私にとり精神的誕生地である」と言っております。このように、稲造は札幌農学校で専門の農学を修得するかたわら、キリスト教に入信し、同時に人文科学、社会科学の深い知識を身につけ、人格形成をはかっていきました。

東京大学に再入学――太平洋の橋になりたい

こうして稲造は、四年間の貴重な学生生活を終え、一八八一（明治一四）年七月に優秀な成績で卒業します（当時は九月入学、七月卒業でした）。卒業時、稲造はまだ二〇歳の若さでありました。卒業後、太田稲造は、現在の北海道庁の前身である開拓使御用掛の技師として奉職いたします。これは、農学校生はすべて官費生であった関係から、卒業後五年間は開拓使勤務を義務づけられていたからであります。

開拓使技師としての稲造の仕事についてはほとんど記録がありませんが、その頃、北海道にイナゴが大発生し、農作物に多くの被害を与えたようでありまして、稲造はその駆除のために奔走したとのことであります。しかし、通常業務はあまりなかったようで、稲造は、イギリスの大思想家カーライルによる『サーターース・リザータス』（衣装哲学）のような英書を、自分の机で繰り返し読んでいたとのことです。

こうして開拓使勤務後も一日たりとも勉強を欠かさなかったのでありますが、そのうち、「五年間」という開拓使勤務の義務年限が緩和されましたので、二二歳の稲造は、開拓使に辞表を出し、より高度な学問を目指して東京大学に入学する決心を固めました。そして一八八三（明治一六）年春に上京し、同年九月に東京大学に入学しました。この入学時の面接において、稲造は外山正一文学部長から入学の動機を聞かれ、「太平洋の橋にならん」という後世、有名になった言葉を述べています。その場面を稲造の自伝的著書『帰雁の蘆』（一九〇七年刊）から引用してみます。

「外山先生に紹介を得て入学の望みを述べたら、先生は『あなた何をやるつもりです』と問われた。この時分にはもはや参議になる一件は断念した。『はい農政学をやりたいと思いますが、そういう学問はまだ無いようですから、せめてはその参考ともなるべき、経済、統計、政治学をやりたいと思います。つまりは農政学をもって私の専門としたいのですけれども、実は私に一つの道楽がございまして、下手の横好きで今までも時さえあれば見ておりますが、英文学もついでに大学で習いたいと思います。』『英文やって何します』僕は笑いながら『太平洋の橋になりたいと思います』と言うと、先生独特の軽々しい調子で、少しく冷笑的に『何の事だか私は解らない、何の事です。』そこでやむを得ず説明して、『日本の思想を外国に伝え、外国の思想を日本に普及する媒酌になりたいのです』と述べた。」

この一文から、われわれは、第一に稲造は農政学を専門に勉強したかったこと、そして第二に「太平洋の橋になる」ために英文学も勉強したかったことが分かります。第一の目的は、その後、アメリカ、ドイツへの留学や『農業本論』の出版などを通じて果たされるのでありますが、新渡戸稲造というと、一般には第二の「太平洋の橋」として、日本と諸外国との思想文化の橋渡しとしての働きが注目されています。事実、稲造の生涯は「太平洋の橋」としてのそれでありました。

ところで、先の『帰雁の蘆』の引用から分かりますように、稲造は「太平洋の橋になりたいと思います」と口語調で述べておりますが、「願わくはわれ太平洋の橋とならん」というような表現はしていないのです。一般には文語調の後者の言い方が通っておりまして、盛岡の岩手公園にあります新渡戸稲造の碑にもそのように書かれております。

話が横道にそれますが、このたび北大構内に設置されることになり、まもなく除幕式が行われる顕彰碑の碑文は英文で、"I wish to be a bridge across the Pacific." となっております。日本語に訳せば「願わくはわれ太平洋の橋とならん」というもので、原文は *The Japanese Nation*（邦訳『日本国民』）という一九一二（大正元）年に出版された稲造の英文著作の Preface（序文）にあります。「日本語の方がわかりやすい」のではないかという意見もありましたが、われわれは史実に忠実な立場から稲造自身の著作から引用することを基本とし、日本語の「太平洋の橋になりたいと思います」という口語調よりは、"I wish to be a bridge across the Pacific." という稲造自身の英文を碑文としたのであります。なお、碑文の揮毫は丹保憲仁北大総長にお願いしました。

話を戻しまして、東京大学に再入学した稲造はその後どうしたかというと、実は一年たらずで退学しております。その理由は他大学のことなのであまり言いたくはないのでありますが、簡単に言うと、当時の東京大学の教育研究状況が、稲造の目からみて著しく遅れていることにありました。たとえば、八年前にヨーロッパで出版された経済学の著名な書物、ヘンリー・ジョージの『進歩と貧困』を、稲造は読んでいても、当時の経済学の教授は誰も手にしていなかったという事実があり、そうしたことが、稲造のアメリカ留学の動機になったということが、先程の『帰雁の蘆』に書いてあります。優秀な学生に出て行かれないように、われわれ大学で教育研究の任にあるものは心すべきと思います。

ところで稲造は、一八八四（明治一七）年九月に渡米し、ジョンズ・ホプキンス大学等で三年間、経済学、農政学、国際法、歴史学などの勉強をしました。ジョンズ・ホプキンス大学には札幌農学校の一期生であり、のちに北大初代総長になった佐藤昌介がすでに留学しており、稲造はその紹介で同大学に入学したのでありますが、同窓生に後にアメリカ大統領を務め、国際連盟生みの親となったウイルソンがおりました。

さて、日本に一足早く帰国した佐藤昌介は、稲造を将来、札幌農学校の中軸に据えるために、学校当局を動かし、渡米中の稲造を一八八七（明治二〇）年札幌農学校助教に発令し、同時にドイツ留学を命じました。ドイツではボン大学、ハレ大学等で主に農政学の研究を行い、『日本土地制度論』（独文）によってハレ大学よりドクトル・デア・フイロゾフィの学位を受けました。なお、ドイツ留学中に、稲造の長兄が死去し、「新渡戸」の家を継ぐものがなくなったため、太田姓から新渡戸姓に復帰しました。

札幌農学校教授としての貢献

一八九一（明治二四）年二月、稲造は六年間にわたるアメリカ・ドイツ留学を終え、アメリカで知り合い結婚したメリー・エルキントン（日本名・萬里子）を伴い、母校・札幌農学校に教授として赴任しました。佐藤昌介ほか札幌農学校の教師と学生は、歓喜してこの三〇歳の少壮気鋭の教授を迎えました。

だが、当時の札幌農学校は、同校を管轄する北海道庁の苦しい財政事情から、閉校の危機に直面しておりました。教師の数も少なく、わずか八名の教授で、五学年の予科、四学年の農学科、工学科の授業を担当しなくてはならず、稲造も、本科の農政学、殖民史、農業史、農学総論、経済学、ドイツ語のほか、予科の英語、倫理を講義しました。その授業時間は週二〇時間に及び、そのほかに図書館主任、教務主任、舎監などの役職を引き受けました。

多忙な中でも稲造は、学生への授業に格別の精力を注ぎました。教室に入る前に黙祷し、授業は五分と遅れることなく開始したとのことであります。講義では、古今東西の思想家や文学者の言葉、詩歌を随所に引用し、ユーモアにあふれる名講義であったようで、学生の圧倒的な人気を博しました。また、「札幌農学校に新渡戸稲造という名講義をする教授がいる」との声は全国に広まり、博士を慕って農学校を受験する者が絶えなかったとのことであります。その中に、若き日の有島武郎もおりました。

さらに、学生と話しをするのが何よりも好きな稲造は、毎日曜日、自宅でバイブル・スクールを開き、たまにはメリー夫人心づくしの手料理も加わって談論風発に時を過ごしました。舎監としても寮生と真摯に向き合い、時には身を挺して問題の解決に当たり、舎監としての責任はきちんと果たしました。

札幌農学校教授としての稲造の残した功績のひとつに、南鷹次郎、宮部金吾らの同僚と共に行った学制改革があります。これは、それまでの講義中心のカリキュラムを、午前中は講義、午後は専門ごとの実験または演習に改革するもので、稲造は、校則改正委員会の委員長になり、改革案の作成に中心的役割を果たしました。具体的には、本科三年および四年の午後の実験・演習科目を、農学甲科（作物園芸）、農学乙科（畜産）、農業経済学、農芸化学、農用動物学、植物病理学、の六科とし、学生にはこのうち一科を選択させたのであります。今日の北大農学部にもつながるこの改正は、一八九四（明治二七）年の新学期から実施されました。また、ドイツのSeminarを演習と訳し、大学教育に取り入れたのは本邦では札幌農学校の農業経済学演習が最初であります。北大の三代目の総長である高岡熊雄博士は、新渡戸教授が指導した農業経済学演習の第一号の卒業生であります。演習（ゼミナール）については、その後多くの大学に取り入れられていきますが、もともとはドイツの大学の留学経験をもつ稲造の発案であったことに、注目していただきたいと思います。

札幌遠友夜学校を創設

一八九四（明治二七）年一月に創立された札幌遠友夜学校も、稲造が札幌の地に残した高貴な遺産であります。この学校は、家庭の事情などから義務教育の機会を逸した子弟や勤労青少年を対象とした私設の夜学であり、生徒からは授業料をとらない社会教育施設であり、教師はボランティアで札幌農学校の学生が務めました。「遠友」とは〝朋あり遠方より来る、また楽しからずや〟という論語の一節からとったと言われています。

夜学校設立のためにはかなりの資金を必要としたわけでありますが、その資金は実は、メリー夫人の実家であるアメリカ・フィラデルフィアのエルキントン家から送られてきました。エルキントン家は代々、クウェーカー派に属する熱心なクリスチャンで、稲造はアメリカ留学中に、クウェーカー派の集会に出るようになったことが機縁となって、エルキントンの娘メリーとの交際が始まり、国際結婚に至ったわけであります。そのエルキントン家では一人の女の孤児《みなしご》を引き取り、家族の一員として生活してきたのでありますが、彼女が六〇歳で亡くなる時の遺言で、自分がコツコツとためた一千ドルを日本に行ったメリー夫人に送ってくれるように頼みました。およそ、こういういきさつでメリー夫人の手元に一千ドルの大金が送られてきたのでありますが、新渡戸夫妻は相談のうえ、この資金を元に、かねて稲造が夢見ていた、経済的に貧しく学校に行くことができない子供達のための夜学を開設することにしました。

だが、新渡戸夫妻には過去に不幸な出来事がありました。それは、札幌農学校に赴任後しばらくたって、夫妻の間に待望の男児が出生したのでありますが、生後一週間たらずで亡くなってしまいました。その名は、遠益といいます。遠いという字に利益の益でトマスと呼ばせましたが、その名は、新約聖書に出てくるイエスの一二弟子の一人から取りました。聖書の中のトマスは、復活したイエスをなかなか信じることができず、懐疑的な信仰者でありましたが、いったん信じた後は、全身全霊を込めてキリストの宣教に努めました。トマスのキリスト者としての生き方は、新渡戸稲造のそれと非常によく似ております。夫妻の最愛の一粒種に遠益という名前をつけたのは、おそらく新渡戸の強い思い入れがあったと私は推察しておりますが、その遠益が、生後わずか一週間たらずで天国に行ってしまいました。夫妻の悲しみは想像に余りあります。アメリカから送られてきた一千ドルを手にした時、稲造夫妻はこれから設立する学校の名前について、いろいろ二人で相談したと思いますが、論語の「朋あり、遠方より来る」という言葉から遠友夜学校という名前にしたとしても、その「遠い」という一字の裏には、早死にした一人息子「遠益」の一字が重ね合わさっていると、私は想像しております。

一八九四（明治二七）年一月に新渡戸夫妻は、札幌基督教会（のちに札幌独立基督教会と改称）が日曜学校で用いていた一軒家を買い取り、遠友夜学校を開設しました。前にお話ししましたように、稲造の農学校の教え子達が、ごくわずかの報酬で教師を務めましたが、そうした事実上のボランティア活動に、学生が参加することになった背景には、稲造の人格教育があると思います。夜学校では稲造自身、週一回は教壇に立ち、主に修身を教えました。また、稲造は建学の精神として、第一六代アメリカ大統領・リンカーンの隣人愛の生涯を学ばせ、彼の二度目の大統領就任演説の一節、"With malice toward none, With charity for all"（何人にも悪意をもたず、すべての人に慈愛の心をもって）を校是としました。このように、気高い建学の精神を掲げた夜学校であった関係で、人間教育には特段の力が入れられましたが、通常の授業は国語、算数など義務教育の小中学校と同じで、その外に裁縫とか看護法とか実用的な授業がなされました。

なお、遠友夜学校は、稲造が札幌を離れた後も、農学校生徒と北大生（その中には有島武郎、半澤洵、高倉新一郎、石塚喜明らの諸先生がいる）、および一部の篤志家によって支えられましたが、一九四四（昭和一九）年、学徒動員と灯火管制の下でその維持が困難になり、当局の指導もあって、五〇年にわたる栄光の歴史を終えました。この会場にも、遠友夜学校の元教師や元生徒の方が来ておられると思います。記録では、創立後五〇年間に約六〇〇名の札幌農学校学生、北大生が教師として教壇に立ち、千名を越える卒業生が遠友夜学校の初等部、中等部を卒業しました。教師の数のわりには卒業生の数が少ないのは、働きながらの通学によって中途退学者が多いためであり、実際には卒業生の数倍の生徒が学んだと言われております。なお、遠友夜学校は一九九四（平成六）年に創立百年を迎えましたが、これを記念して石塚喜明北大名誉教授を代表者とする記念事業会が組織され、講演会と記念出版がなされました。北海道新聞社から『思い出の遠友夜学校』として出版されていますので、ご紹介しておきます。

八面六臂の札幌時代

遠友夜学校だけでなく、稲造は、本道初の私立中学校として北海道炭礦鉄道株式会社社長・堀基が設立した北鳴学校にも協力し、請われて教頭になっております。また、現在の北星学園の前身であり、アメリカ人のスミス女史によって設立されたスミス女学校の運営にも、夫婦ともども協力しました。スミス女学校は、のちに北星女学校と改名しましたが、それも稲造の命名とのことであります。

このように、稲造は札幌農学校教授時代、教育者として札幌の地に大きな足跡を残しましたが、同時に、北海道庁の技師を兼務し、泥炭地開発の指導や北海道小作条例草案の作成などに関わりました。とくに前者は、現在の江別市対雁《ついしかり》その他に実験地を設けて実施したもので、その仕事は教え子の時任一彦に引き継がれました。

また、北海道経済会、北海道禁酒会、北海道教育会、北海道講話会、札幌史談会、北海道協会など多彩な会合に出向き、その博学多識で流暢な講演によって聴衆を魅了しました。

また、札幌時代の稲造にはこんなエピソードもあります。稲造は、ドイツ留学から帰る時、三挺のスケートを持参してきましたが、これが元で、北海道で初めてウインター・スポーツとしてのスケートが広がりました。国内でスケートが製造されるようになる以前には、下駄に金具を打ち付けて中島公園や道庁前の氷をすべっていたようでありますが、一八九四（明治二七）年には、札幌にスケート・クラブが組織されるまでになりました。稲造がドイツから持ち帰ったスケートは、中島スポーツセンターの記念室に展示されております（展示場所はその後大倉山の札幌オリンピック・ミュージアムに移動）。

もうひとつのエピソードとしては、稲造が、アメリカで習得した靴の修繕法をその道具と共に札幌の靴屋「岩井」に伝授したことが上げられます。「靴の岩井」は札幌三越デパートの近くに店舗を開いておりました。

このように札幌時代の稲造は、文字どおり八面六臂の活躍でありましたが、その激務ゆえに強度の神経衰弱になり、講義をすることができなくなってしまいました。そして、一八九七（明治三〇）年一〇月に札幌農学校に休職届を出し、群馬県の伊香保温泉等で転地療養を行いましたが、翌年三月には教授を非職しました。そのとき稲造は、三六歳の働き盛りでありました。

本邦初の農学博士を授与

札幌農学校教授辞任後の稲造の足跡については駆け足で進まざるを得ません。伊香保温泉で療養中も学問への情熱は衰えることなく、『農業本論』『農業発達史』など農学校時代の講義録を基礎にした著書を執筆、出版しました。とくに前者は、農業の定義に始まり、農学の範囲、農業における学理の応用、農民と政治思想、農業の貴重なる所以などの各章からなり、本邦初の農学の体系を構築したものとして、学説史上、画期的な書物であります。

こうした学問的業績が評価されて、一八九九（明治三二）年には東京帝国大学から佐藤昌介と共に、日本で初めての農学博士の学位が授与されました。

話が前後しますが、稲造は、伊香保での療養後、一八九八（明治三一）年七月から約二年間、気候温暖なアメリカのカリフォルニア州で療養することになりました。この渡米期間中に書かれたのが、稲造を一躍世界的に有名にした英文の名著 *Bushido* であります。これはその副題 *The Soul of Japan*（日本の魂）が示しますように、義、勇気、仁愛、礼儀、誠実、名誉、忠義など、武士の道徳体系を西欧人にも分かりやすく解説したもので、一九〇〇（明治三三）年一月にアメリカで出版されて以来、各国語（ドイツ語、フランス語、ポーランド語、ノルウエー語、ハンガリー語、ロシア語、中国語）に翻訳され、世界的な関心を呼びました。『武士道』が最初に出版されたのは、日清戦争で日本が勝利して五年後であり、東洋の一小国である日本の国民性に対する関心が高まっていた時期でありました。こうした時代背景もあって、稲造は早くも、青年時代の理想であった「太平洋」いや世界と日本の「文化のかけ橋」になったのであります。

ところで、約二年間のアメリカでの療養は、稲造の健康をすっかり回復させ、稲造も母校の札幌農学校に帰任するつもりでおりました。ところが、突然、台湾総督府に来て、砂糖産業の指導をしてもらいたいという話が舞い込みました。稲造は、最初、断ったのでありますが、その後、当時、民政長官であった後藤新平からつよく要請され、ついに断りきれなくなってしまいました。余談ではありますが、稲造は「頼まれたら断れない」性格のようでありまして、七一年の生涯の中で実に多くの要職についております。

台湾総督府で稲造に与えられた任務は、台湾の主要産業である糖業の振興方策をまとめることにありまして、稲造は、綿密な調査の下に、一九〇一（明治三四）年九月「糖業改良意見書」をまとめ、総督府に提出しました。

台湾から帰国後は京都帝国大学法科大学教授となり、台湾での経験を生かし、日本では初めての植民政策学の講座を担当しました。また、一九〇六（明治三九）年には、京都帝国大学から法学博士の学位が授与されました。稲造は、京都の研究環境をことのほか好み、充実した研究生活を送っていましたが、それも三年間で、時の文部大臣・牧野伸顕のたっての要請で東京にある第一高等学校の校長になりました。一九〇六（明治三九）年、四五歳の時で、それから六年七カ月にわたって一高の校長を務めました。

教育者としての多彩な活躍

一高校長時代は、稲造が教育者としてもっとも真価を発揮した時期であったと思います。稲造が赴任した当時の一高は、よく言えば質実剛健、悪く言えば唯我独尊の気風が強く、学生達はいわゆる蛮カラを競い合うようなところがありました。そこに、キリスト教による人格主義を教育方針とした新渡戸校長が乗り込んでいったわけですから、軋轢は絶えませんでした。しかし、稲造は、学生とじっくり話し合い、人格の何たるかを教えました。そして、またたくまに新渡戸校長の信奉者を増やしていきました。その中には、矢内原忠雄、南原繁、田中耕太郎、森戸辰男、鶴見祐輔ら、第二次大戦後の日本を平和と民主主義に導くうえで、功績のあった人達が多数います。

また一高校長時代の終わり頃、一九一一（明治四四）年八月に、稲造は日本で初めての日米交換教授になり、約一〇カ月にわたってコロンビア大学、ジョンズ・ホプキンス大学、ミネソタ大学などアメリカの各大学、その他で講演を行い、日本と日本人の実情を紹介しました。この時期、稲造は、文字どおり「太平洋の橋」でありました。

しかし、この日米交換教授の任務を全うして帰国して以来、稲造の健康はすぐれず、その他、いくつかの心労も重なって、一高校長の辞任を申し出ました。当然、一高生の反対はつよく、学生達は留任に奔走したのでありますが、新渡戸校長の辞意は堅く、ついに一九一三（大正二）年四月、稲造は一高校長を退任しました。そして、東京帝国大学法科大学の専任教授になり、「植民政策学」を担当しました。東大時代の新渡戸稲造の「植民政策学」の講義については、教え子の矢内原忠雄によって編集され『植民政策講義及論文集』の書名で出版されておりますが、ひとことで言うと、新渡戸の「植民政策の原理」は「原住民の利益を重視する」ところにありました。また、土地を一国、一民族で所有することに反対し、一種の「土地社会主義」を唱えました。

時代は飛び、一九一八（大正七）年には、東京女子大学の創立に参画し、初代の学長になりました。稲造は近代社会の担い手としての女子の教育に大きな使命感をもっておりましたが、キリスト教主義によって建てられた東京女子大学の学長就任は、稲造にうってつけのものでありました。

請われて国際連盟事務次長に

しかし、学長就任後まもなく、稲造は国際連盟事務次長の要職につくことになり、しばらく日本を離れることになりました。一九一九（大正八）年六月、パリで第一次大戦の講和条約が締結されると共に、国際平和と、国際協力による人類文化の向上を目的とした国際連盟が誕生しました。戦勝国であった日本は、国際連盟に事務次長を出すことになりましたが、牧野伸顕、後藤新平ら日本政府の要人は、新渡戸稲造に白羽の矢を立て、稲造も引き受けざるを得ませんでした。こうして稲造は、一九二〇（大正九）年一月の国際連盟発足以来、事務局のあったスイスのジュネーヴに移り、約七年間にわたって、「世界のかけ橋」としての仕事をすることになります。連盟事務総長のドラモンドは、あまり演説が得意でなかったため、事務次長の稲造がヨーロッパ各国に派遣され、流暢な外国語で演説を行いました。

国際連盟事務次長としての稲造の業績のひとつに、国際知的協力委員会の創設と運営があります。これは、現在のユネスコの前身となった機関で、世界で第一級の学者を選んで委員とし、学問と文化の国際協力に寄与しようとしたものです。創設された国際知的協力委員会は、フランスの哲学者ベルグソンが議長になり、ドイツの物理学者アインシュタイン、フランスの物理学者キューリー夫人、イギリスの文学者ギルバート・マレーなど世界の超一級の学者、文学者が委員となりました。稲造は委員ではありませんでしたが、幹事長として委員会を実質的に切り盛りしました。

国際連盟事務次長退任後は、貴族院議員、太平洋問題調査会理事長などを歴任しました。太平洋問題調査会は日中米などの有識者を中心とした民間団体でありましたが、稲造は、この組織の日本の理事長として、戦雲低く垂れこめたアジアとアメリカを東奔西走し、平和を訴えました。この間、北海道大学には一九三一（昭和六）年五月一八日に来学し、学生・教官で立錐の余地のない中央講堂において、午前・午後の二度にわたる講演を行い、聴衆に深い感銘を与えました。また、同日、稲造が校長を務める遠友夜学校を訪問、生徒を感激させました。

しかし、同年九月には満州事変が勃発し、日本と中国、アメリカとの関係は険悪の度を強めていきました。そうした中で稲造は、翌一九三二（昭和七）年四月に渡米し、約一年間にわたって大学での講義や講演を行い、日米の和解に努めました。だが、こうした稲造の献身的努力にもかかわらず、日本は一九三三（昭和八）年三月、国際連盟を脱退しました。そうした中で稲造は同年八月、カナダのバンフで開催された太平洋会議に出席、最後の力をふりしぼって平和を訴えました。しかし、会議が終わってまもなく激しい腹痛（膵臓炎）に襲われ、カナダ・ヴィクトリア市の病院で切開手術を受けましたが、すでに病状は進行しており、一〇月一六日（日本時間）、享年七一歳でその偉大な生涯を終えました。

終焉の地カナダのバンクーバーにあるブリテッシュ・コロンビア大学構内には、戦後、新渡戸記念庭園がつくられ、気品あふれる日本庭園の中に、国際平和の殉教者・稲造を顕彰する碑が建てられております。

コモンセンス（常識）重視の教育

最後に、新渡戸稲造の現代的意義について。要点だけ申し上げます。

第一は、稲造が専門とした農学ないし農業経済学の学者としての貢献であります。これについては、いくつか申し上げたいことがありますが、ここでは稲造の主著『農業本論』が主張した、国民経済における農業の多面的機能の重要性が、今日、ますます高まっていることを指摘しておきたいと思います。

第二は、教育者としての稲造の貢献であります。稲造は、札幌農学校教授、第一高等学校校長ほか数々の教育職を通じて、一貫して人間教育の必要性を説いてきました。具体的には、人格、社会性、教養を重視するのが稲造の教育方針であり、それは南原繁、田中耕太郎、森戸辰男、天野貞祐、河井道ら、稲造の教え子またはその影響を受けた者を通じて、戦後、教育基本法に生かされております。稲造は自分の教育方針について、ユーモアたっぷりに「専門センスよりはコモンセンス（常識）」と述べております。近年、日本の教育は職業人の養成が強まり、高校や大学でじっくり常識を養う機会が薄れてきております。しかし、「精神のない専門家」が大量に生まれることは、日本と世界を危険な方向に追いやります。稲造の人間教育の主張に、謙虚に耳を傾ける時期にきているのではないでしょうか。

第三に、国際平和の達成という人類的課題に一歩でも近づくため、日本最初の本格的国際人である稲造の思想を、もっと評価しておく必要があるということです。稲造は、一九二八（昭和三）年に出版された『東西相触れて』という著作において、「東と西」「右と左」を対立的にとらえる無意味さを指摘し、それらの存在を相互に認め合う、共存共栄の社会の実現を主張しております。世界と日本の現実は、こうした考え方の重要性をますます高めているのではないでしょうか。

第四に私は、稲造は大学人として「象牙の塔」に閉じこもることなく、積極的に世に出て民衆と語り合い、苦しみ悩む者の友となり、彼らの人生の導き手になったことを上げたいと思います。稲造は、第一高等学校校長在任中の一九〇八（明治四一）年、主に青年を対象とした大衆雑誌である『実業之日本』の編集顧問を引き受け、毎月、「人生相談」のような講話を連載していました。それらは、後に『修養』『世渡りの道』『自警録』などの単行本として出版されましたが、これらは実に多くの老若男女に読まれ、読者からの手紙が殺到したとのことであります。手紙の多くは人生上の相談事であったようですが、稲造は、これらの手紙に答える形で雑誌に寄稿してまいりました。稲造の生きた時代から現在まで、大学教授が通俗雑誌に寄稿するなどとはもってのほか、といった見方が絶えませんが、稲造は、学問的に難しいことでも大衆に分かりやすく説明することに意を尽くし、学問の大衆化に努めました。当然、誹謗中傷の類いがありました。しかし、稲造はいっこうに意に介せず、次の古今和歌集の古歌に、みずからの心境を託しておりました。

見る人の心ごころにまかせおきて　高嶺に澄める秋の夜の月

秋の夜の月をながめる心は、人さまざまであり、気にすることはない、ということであります。最後に、稲造の類いまれな人間性に触れたいと思います。稲造は学者、思想家としては第一級の人物でありながら、人間を貧富や職業、性別などで絶対に差別しませんでしたので、誰からも好かれ、信頼されておりました。稲造の生涯は、あのリンカーンの言葉である「何人に対しても悪意をもたず、すべての人に慈愛の心をもって」の一生でありました。稲造は言います。「一〇年後、二〇年後に自分を覚えてくれている者が一人でもいれば満足だ」と。

まもなく除幕されます新渡戸稲造博士の胸像は、東京芸術大学教授・山本正道先生の力作でありますが、こうした慈愛あふれる、それでいて謙虚な稲造の人柄を見事に表現しております。このことを最後に述べて、私の講演を終わらせていただきます。

【付記】本稿は、一九九六年一〇月七日に北海道大学構内に建立された新渡戸稲造博士顕彰碑の除幕式に際し、私が行った記念講演の全文です。『札幌同窓会報』第一二三号（一九九七年一一月）からの転載ですが、本書収録にあたり一部修正しました。

第2章　武士道とキリスト教、そして若者の生き方

はじめに――「武士道」ゼミの開始

新渡戸稲造の代表的著作である『武士道――日本の魂』は、一九〇〇（明治三三）年にアメリカの出版社から英文で出版されました。その後、十数カ国語に翻訳され、日本でも十を超える翻訳・解説書が出ています。代表的な翻訳は、稲造の直弟子である矢内原忠雄（元東京大学総長）のもので、一九三八（昭和一三）年に初版が出版され、岩波文庫に収録されています。同書は名訳なのですが、戦前の本のため現代語に馴れた者にはやや難解です。ここでは一九九八年に講談社インターナショナルから出版された須知徳平訳の『英文対訳・武士道』を使います。

「武士道」については、二〇〇三年に封切り・上映されたアメリカ映画「ラストサムライ」や二〇〇四年のNHK大河ドラマ「新撰組！」の影響もあって、二〇〇〇年代初頭の数年間に「武士道」ブームが起こり、書店では現代語で平易に翻訳した奈良本辰也訳の『武士道』（三笠書房）や、

武士道を高く評価した藤原正彦『国家の品格』（新潮新書）が当時のベストセラーになりました。

私は二〇〇〇年から北海道大学の一年生を対象にした一般教育演習で、『武士道』を輪読し、二〇〇六年の退官後も二年間非常勤講師で継続しました。テキストは、最初は矢内原訳の岩波文庫版を使いましたが、学生の理解が難しそうだったので、その後、先述の須知訳のものに変えました。新渡戸『武士道』には確かに現代の日本人が失った、多くの価値ある道徳体系が含まれています。学生も苦労しながらこれを読破することによって、自分たちの生き方を見直してくれることを期待し、私自身も学生たちの考えを知る良い機会となりました。

「本来の武士道」と「葉隠的武士道」

ところで、武士道を専門的に研究する学者の間では、新渡戸が取り上げている武士道というのは、明治維新以降とくに明治三〇年代以降に日本国内に広がった武士道、いうならば「明治武士道」の一つの流れであり、「本来の武士道」はこれとは違うという評価を与えています。

それでは「本来の武士道」とは何かというと、歴史学者である津田左右吉によると、「武士道」は、平安末期の軍記物語などに始まり源平時代に定形を得たとのことで、その内容は戦国乱世の時代に戦いを常とした「武士の気象と行動」を意味しているとのことです（菅野覚明『武士道の逆襲』講談社現代新書、二〇〇四年）。

こうした「本来の武士道」は源平時代から鎌倉時代、室町時代、安土桃山時代に至る約四百年間は不変でしたが、一七世紀初頭に徳川家康によって江戸幕府が生まれ、いわゆる太平の世を迎えて以降、武士道には為政者である武士階級の倫理・道徳が加えられていきます。その背景には、戦闘者から為政者への武士の転身という現実がありました。そうした時代に武士に大きな影響を与えたのが儒教あるいは儒学でした。とくに徳川時代前期の儒学者である山鹿素行は武士の倫理・道徳を「士道」としてまとめ、武士階級のインテリ層に大きな影響を与えたそうです。新渡戸が解説している武士道は、この儒教倫理に根ざした「士道」に近いように思われます（菅野前掲書参照）。

また、武士道と聞けば、佐賀・鍋島藩の山本常朝によって書かれた『葉隠』に出てくる、「武士道と云は、死ぬ事と見付たり」という言葉を思い出します。一般の人が「武士道」という言葉から想起するのは、この「葉隠的武士道」であり、そこからは忠義のために命を捨てる武士の姿がイメージされます。そして、明治時代にわが国で影響力を増した武士道も、この「葉隠的武士道」の延長線上にあるように思います。

その背景には、王政復古を遂げた維新政府が、欧米列強と対峙しつつ大国化路線を走っていくうえで、国民精神の統合が不可欠になったことが存在します。そのために明治政府は、「万世一系の天皇」とそれに忠義を尽くす「臣民」というヒエラルヒー（階層秩序）を「国体」という形で作り上げましたが、それに「葉隠的武士道」が最大限利用されたという事実があります。具体的には一八八二（明治一五）年の軍人勅諭、一八八九（明治二二）年発布の大日本帝国憲法、一八九〇（明治二三）年の教育勅語という流れの中に、それを見ることができます。

軍人勅諭の「只々一途に己か本分の忠節を守り義は山嶽よりも重く死は鴻毛よりも軽しと覚悟せよ」、大日本帝国憲法の「兵役ノ義務」を含む「臣民権利義務」、教育勅語の「一旦緩急アレハ義勇公ニ奉シ」などは、明らかに「葉隠的武士道」の反映です。

「新渡戸武士道」とキリスト教

このように「武士道」は時代の変遷の中で、その内容を微妙に変化させてきていますが、新渡戸稲造によって書かれ、一九〇〇（明治三三）年に米国で出版された *Bushido* は、伝統的な武士道を踏まえながらも、クウェーカー派のキリスト教徒である彼自身の宗教・思想と結びつけられた、いわば「新渡戸武士道」といってもよい独特な倫理・道徳体系になっているように思われます。私が、武士道とキリスト教との関連を重視する所以もこの点にあります。

以下、新渡戸稲造『武士道』の各章を順次紹介していきますが、その際に私が留意するのは、武士道とキリスト教との近似性、および現代日本の道徳との対比です。その意図については行論で明らかになると思います。

まず第一章「道徳体系としての武士道」では、武士道について、「武士がその職分を尽くすときでも、日常生活の言行においても、守らなければならない道であって、言いかえれば武士の掟であり、武士階級の身分に伴う義務（noblesse oblige）」と定義します。

そして、その淵源は鎌倉幕府の成立と武士階級の成長に求められるとしています。当初は武士が敵と戦う際の規律をまとめたものであり、その中には戦闘におけるフェアプレイの精神が含まれていたとのことです。

第二章では「武士道の淵源」を解説し、仏教、神道に加え、孔子や孟子の教えである儒教が大きな影響を与えたとしています。とくに中国の哲学者・王陽明の知行合一説（人間の知は行の一部であって、分けることはできない）の影響を強調し、「人格高潔な武士の中で王陽明の深い感化を受けた者は少なくない」と書かれています。

陽明学は江戸時代に水戸藩など多くの藩士に影響を与えました。私は、「知行合一」の思想は、幕末期に尊王派、佐幕派を問わず、武士に大きな影響を与え、維新の原動力になったと考えています。吉田松陰の「かくすればかくなるものと知りながら　やむにやまれぬ大和魂」の和歌は、混迷する幕末期に生きた武士の共通の思いであったのではないでしょうか。

なお、この章で新渡戸は王陽明に触れたあとに、こう書いています。

「西洋の読者は、王陽明の著書の中に、『新約聖書』とよく似ている言葉の数々を、容易に見出すことであろう。それぞれに固有な用語の相違にもかかわらず、『まず神の国と神の義を求めよ。そうすればすべてこれらのものは、汝らに加えられるであろう』という言葉は、王陽明の書の中に始終見出される思想である。」

この新約聖書の一節は、「マタイによる福音書」6章33節にある言葉であって、その前の文章には、「何を食べようか」「何を飲もうか」「何を着ようか」といって思い悩む人々のことが書かれています。こうした日常的な物質的欲望よりも、「神の国」「神の義」という精神的なことを大事にしなさい、という意味です。王陽明の著書もそうしたストイックな思想で満ちている、そのため陽明学の影響を受けた武士道は、キリスト教に慣れ親しんだ欧米人にも理解されるはず、と新渡戸は言いたいのだと思います。

「義」は人間が歩むべき道

第三章は武士道の根幹的倫理である「義」（原文ではRectitude or Justice）について語られています。

この章は、「義は武士の中でも最も厳しい教訓である。武士にとって、卑劣な行動や不正な行為ほど忌むべきものはない」という言葉で始まっています。では義とは何かというと、孟子が「仁は人の心であり、義は人の道である」、イエス・キリストが「自分は義の道であり、自分を通じて見失われたものを見つけることができる」と述べているように、「人間としての正しい道」ということになります。

だが俗世間では、「義理」という言葉がよく使われます。この言葉は「正義の道理」という本来の意味から次第に離れていき、漠然とした義務の観念になっていった、と新渡戸は述べます。そして、「義理は、正しい道理から遠ざかって誤用されるようになると、あらゆる種類の詭弁と偽善の隠れみのになってしまった」と喝破します。

いまの政治家は、よく「丁寧に」とか「真摯に」とか言いますが、そうした言葉と真逆な実態がしばしば見られることに似ています。

話が少しそれますが、「義」という言葉は聖書の中で良く使われています。前述した「まず神の国と神の義を求めなさい」（マタイによる福音書6章33節）という言葉以外でも、例えば有名な「山上の説教」の中で、「義に飢え渇く人々は幸いである、その人たちは満たされる。」（同5章6節）、「義のために迫害される人々は、幸いである。天の国はその人たちのものである。」（同5章10節）と、イエスは頻繁に「義」について語ります。

さらに新約聖書後半部のパウロ書簡の中でも「義」はキリスト信仰のキー概念になっています。

「人が義とされるのは律法の行いによるのではなく、信仰による」（ローマの信徒への手紙3章28節）、「わたしたちは信仰によって義とされたのだから、わたしたちの主イエス・キリストによって神との間に平和を得ており」（同5章1節）、「キリストがわたしたちのために死んでくださったことにより、神はわたしたちに対する愛を示されました。それで今や、わたしたちはキリストの血によって義とされた」（同5章8〜9節）といった具合です。

聖書で使われる「義」の意味は「正しい、清い」ということで、「罪」の反対語です。儒教の「五常」の一つである「義」には、「利欲にとらわれず、人としてなすべきことをすること」という意味がありますが、キリストによって「義」とされた信仰者には「隣人愛に生きる」という義務が課せられます。

「わたしがあなたがたを愛したように、互いに愛し合いなさい。これがわたしの掟である。」（ヨハネによる福音書15章12節）

このように、儒教とキリスト教、そして武士道には、「人間が歩むべき道」として通底するものがあります。

「勇気」と「憐みの心」

第四章「勇気・敢為堅忍の精神」では、冒頭に「勇気は、義のために行われるものでなければ、徳の価値はほとんどない」と書かれています。

そのうえで有名な論語の言葉「義を見てなさざるは勇なきなり」、水戸の義公（徳川光圀）の「生きるべきときに生き、死ぬべきときに死ぬことこそ、真の勇気なのである」といった古人の言葉を引用しながら、「義」と「勇」の不可分な関係を強調しています。

そうした勇気を培うために、武士の家庭では少年時代から、教育と訓練がなされていました。「勇気、我慢、大胆、自若、勇猛などの心性は、少年武士の心に最も強く訴えられた」のです。一言で言えば、この章の副題にある「敢為堅忍」（物事を大胆に行い、我慢強いこと）の精神の鍛錬ということでしょう。

死を恐れない勇気、義のために死ぬ覚悟、こうした豪胆で崇高な精神は、イエス・キリストの次のような言葉を想起させます。

「体は殺しても、魂を殺すことのできない者どもを恐れるな。むしろ、魂も体も地獄で滅ぼすことのできる方を恐れなさい。」（マタイによる福音書10章28節）、「友のために自分の命を捨てること、これ以上に大きな愛はない。」（ヨハネによる福音書15章13節）

第五章は「仁・惻隠の心」について述べられています。

「仁」も「惻隠の心」も共にあわれみの気持ちということで、他者、とくに弱い者に対する愛の心につながります。「愛情、寛容、同情、憐憫は、昔から最高の徳とされ、人の霊魂の属性の中で最も高貴なものと認められてきた。」と新渡戸は言います。

「それは二通りの意味において、王者の徳と考えられた。すなわち、高貴な精神に伴う多くの属性のなかで王位を占めるものとして王者的であり、王者としての道にふさわしい徳として王者的であるとみなされた。」

王者とは人を治める者です。孟子は「不仁にして一国を得る者はいるが、不仁にして、天下を得るものはいない」と、人心をつかむには「仁」の心が欠かせないと述べました。これは封建時代の最上位の階層にいた武士と民衆との関係にも言いうることです。

時代劇などで良く「武士の情け」という言葉を聞きますが、これは武力をもった者が、力の弱い民衆に対して持つべき態度です。新渡戸も「『武士の情』とは、人々の心に美しい響きをもって訴える高貴な感情を表す言葉であった」「弱者、劣者、敗者に対する仁愛は、武士の美徳として特に賞賛された」と述べています。

いずれにせよ、「武士道」の徳目では、「義」と並んで「仁」を高く評価するわけですが、この両者の違いについて、新渡戸は次のように分かりやすく説明しています。

「仁はやさしくなごやかな徳である。たとえていえば母の心である。誠実なる義と、厳格なる正義とが男性的であるとすれば、仁愛は女性的なやさしさと説得力をもつ。」

現代のように男女平等の社会では、こうしたジェンダー的表現に違和感を持つ人も少なくないと思いますが、仁愛という憐みの心は、武士（現代では政治家や役人など）のように「選ばれた人」が常に有すべき徳目ではないでしょうか。

武士は戦闘の中でも、詩歌を忘れなかったと、新渡戸は史実を紹介しながら書いています。武士が音楽や詩歌を好んだのは、それが優雅な感情を養い、他人の苦痛を察する思いやりを生むからです。また「激しい戦闘の恐怖の真只中においても、愛と憐れみの感情をよびおこすことを、ヨーロッパではキリスト教が教えた」と書かれていますが、パウロの次の言葉は、「武士道」の「仁・惻隠の心」と相通じるものがあります。

「あなたがたは神に選ばれ、聖なる者とされ、愛されているのですから、憐れみの心、慈愛、謙遜、柔和、寛容を身に着けなさい。」（コロサイ人への手紙3章12節）

「礼」の本質は尊敬と悲喜の共有

第六章は「礼儀」について書かれています。

礼は武士道にかぎらず、柔道、剣道、相撲道、茶道、華道など、日本において「道《どう》」と呼ばれるもののすべてに伴っている行為です。すなわち「礼に始まり礼で終わる」のです。柔道や大相撲において、勝ったからといってガッツ・ポーズをする者はいません。外国人でごくたまに「道」に外れる行為をする者がいますが、彼らは周囲から非難され、勝利者としての名誉を失うことになります。

新渡戸は「礼儀」の本質について、こう書いています。

「まことの礼儀は、他人の感情を察する同情的な思いやりが外にあらわれたもので、正当なるものに対する尊敬、ひいては社会的地位に対する公正なる尊敬を意味する。なぜなら、社会的地位とは、貧富の差に基づくものではなく、実際の価値に基づくものだからである。」

すなわち同情と尊敬の念を外見的な行為にあらわしたものが礼儀なのです。その根底には、差別なく個人の価値を尊ぶことと共に、愛の心が流れているのです。

新渡戸は「礼儀の最高の形はほとんど愛に近い」と述べたうえで、新約聖書「コリントの信徒への手紙」13章4～5節（愛は忍耐強い。愛は情け深い。ねたまない。愛は自慢せず、高ぶらない。礼を失せず、自分の利益を求めず、いらだたず、恨みを抱かない。）の一文にある「愛」を「礼」に置き換えて、礼儀を解説します。キリスト教に馴染んだ欧米の読者に対する配慮でしょう。

贈り物をするとき、アメリカ人は「これは良いものなので、あなたに上げます」と言うが、日本人は「つまらないものですが」と品物を卑下します。日本人がこう言うのは、「あなたのような良い方には、どんな良い贈り物でもあなたにふさわしくありませんが、私の誠意として受け取ってください」という、謙遜と相手に対する尊敬の気持ちがあります。

こうした例を上げながら、新渡戸は日本人の礼儀について、次のようにまとめます。

「礼儀は仁愛と謙譲の動機より発して、他人の感情を洞察するやさしい感情によって働く、同情の優美な表現である。礼が要求することは、悲しむ者と共に悲しみ、喜ぶ者と共に喜ぶことである。」

この最後の言葉は、「ローマの信徒への手紙」12章15節にある「喜ぶ人と共に喜び、泣く人と共に泣きなさい。」から引用されたことは明らかです。ついでに言えば、この聖書の言葉のすぐ前には、「兄弟愛をもって互いに愛し、尊敬をもって互いに相手を優れた者と思いなさい。」（同上、12章10節）と、パウロは書いています。

仁愛と謙譲の気持ちから発する礼儀という行為は、武士道とキリスト教を結びつけている、もう一つの管なのです。

誠　実——武士に二言はない

第七章は「真実および誠実」です。原文では「Veracity and Sincerity」ですが、Veracity も Sincerity も共に「誠実さ」という意味なので、日本語で訳す場合「誠」としても良いかと思います。現に矢内原忠雄訳『武士道』では、この章のタイトルを「誠」としています。

では「誠」とは何でしょうか。国語辞典を見ると、その第一の意味は「真実なこと、うそでないこと」です。「人に対して親切で欺かないこと」の意味もあります。

新渡戸は「武士の一言」について、こう述べます。

「嘘の言葉と逃げ言葉は、ともに卑怯なものとされてきた。武士は社会的な地位が高いのだから、農民や商人よりも誠実であることが要求された。（中略）武士の言葉は、証文がなくとも約束が果たされるという重みを持ち、証文を書くことは武士の威厳にかかわるものとされた。『二言』すなわち二枚舌を使ったことを、死をもってその罪を償った」。

私たちは時代劇などで「武士に二言はない」という言葉をよく聞きます。そこには、結果的に誤りがあり約束を果たせなければ、切腹によってその行為を謝罪するという「誠実さ」を見ることができます。

前掲の文章のすぐ後に新渡戸は「真実はこれほど重んじられていたので、一般のキリスト教徒が、主の、誓うなかれという明白な考えを、絶えず破っているのとは異なり、真の侍は、誓うことは自分の名誉を傷つけることだと思っていた」と書いています。

聖書を読んだことのない人のためにこの部分の意味を少し解説しますが、マタイによる福音書には、イエスの次のような言葉が記述されています。

「昔の人は、『偽りの誓いを立てるな。主に対して誓ったことは、必ず果たせ』と命じられている。しかし、わたしは言っておく。一切誓いを立ててはならない。天にかけて誓ってはならない。そこは

神の玉座である。地にかけて誓ってはならない。そこは神の足台である。」（同5章33〜35節）

私たちは「神に誓って」とか「天に誓って」という言葉を気軽に使っていますが、それが守られなくても責任を取りません。容易に〝水に流して〟しまうのです。イエスは、こうした偽りの誓いを厳しく批判します。武士も誓いを立てません。証文も書きません。だが、約束したことは必ず実行し、それが出来なければ切腹することさえありました。「武士の一言」はそれだけの重みがあったのです。

いまの政治家は、公然と嘘をつき、嘘がばれそうになったら逃げ口上を用意し、嘘が暴かれても平然としている、自分に責任があると言いながら辞職しない、こうした不誠実な政治家は、文字通り〝武士の風上におけない〟存在です。

名　誉——恥を知る心と忍耐力

第八章は「名誉」について書かれています。これは原文では Honour ですが、「武士道」では名誉について、武士が「自分の生まれながらにもっている身分に伴う、義務と特権とを重んずる」感情である、と説明しています。

封建社会の最上層にいた武士は世襲制ですから、その階層の子供は、生まれたときから特別な地位にあり、他の階層とは違う特権を有しています。同時に特権階層であるがゆえの義務（第一章で紹介した noblesse oblige）も負わされます。その義務とは、これまで述べてきた義勇、仁愛、誠実、あるいは後に説明する忠義などです。そうした義務（「武士の道」と言ってもよいと思います）を守っているかぎりでは、武士の体面（世間に対する体裁）は保たれます。だが、体面から外れた行動をしたばあいには、「恥」として自らを責めます。

このように「名誉」は「恥」と裏腹の関係にあるのです。

恥ずかしい行為をしたときに、年配の日本人や一定の社会的地位にある人は、「不名誉なことをして申し訳ない」と言いますが、これは武士道における名誉の感情を表わしたものです。

名誉を重んずる武士の家庭では、日常生活において「恥ずかしい行為」を行わないように子供のときから教え込みます。新渡戸は、「「恥を知る心」（廉恥心）は、少年の教育において第一の徳目であり、「笑われるぞ」「体面を汚すぞ」「恥ずかしくないか」などの言葉は、少年に対して、正しい行動を促すときの最後のいましめであった」と述べています。

新渡戸に大きな影響を与えたカーライル（一九世紀イギリスの思想家）も「恥はすべての徳、立派な行為、そしてすぐれた道徳の土壌である」と言っています。逆に言うと、恥の心がない人間には健全な道徳は生まれないのです。

名誉および「恥を知る心」は、武士道の根幹に位置しています。新渡戸は『内観外望』（一九三三年）という著書の中で、「武士道とはどんなものかといへば、要素はたくさんあらうが、要するに、その根本は恥を知る、廉恥を重んずるといふことではないかと思ふ」と述べています。また、同じころに米国で行った講演（『日本文化の講義』）においても、「戦闘に従事している者たちの道徳上の関係の中で、最も鋭敏に感知される特質は、名誉である」としています。

文化人類学者のルース・ベネディクトが書いた『菊と刀』（一九四六年）でも、日本は「恥の文化」であり、西欧の「罪の文化」とは対比されるとしています。

話を戻しますが、体面を汚されることを嫌う武士は、しばしば理不尽な行動に出ます。武士がささいなことで侮辱を受けても、立腹して刀を抜き、無実の人を殺すこともありました。新渡戸は、そうした「繊細な名誉の規範が、病的な行き過ぎに陥りやすいのを未然に防ぐために、寛容と忍耐の教えがあった」「ささいな刺激で怒るのは『短気』として笑われた」と述べ、有名な次の狂歌を紹介します。

「鳴かざれば殺してしまえほととぎす」（織田信長）
「鳴かざれば鳴かしてみようほととぎす」（豊臣秀吉）
「鳴かざれば鳴くまで待とうほととぎす」（徳川家康）

ここでは家康の歌を評価していることは、言うまでもありません。そして孟子の「小事に怒るのは、君子の恥とするところであって、大事のために怒るのは義憤である」という一文を紹介します。小さな事では忍耐するが、正義に反するような大きな事が起きれば憤慨する、というのが武士の生き方なのです。

この章の最後に近い部分で、西郷隆盛の遺訓が出てきます。新渡戸にとって西郷は、日常では柔和な心を失わなかったが、大事では義憤から勇猛な行動に出た人物として、尊敬する人物であったからでしょう。その遺訓とは次のようなものです。

「道というものは、天地自然の道に外ならない。ゆえに人はこの道を行うものであるから、天を敬うことを目的とするべきである。天は人をも自分をも同一に愛し給うゆえに、自分を愛する心をもって人を愛するべきである。人を相手とせず、天を相手として力を尽し、人を咎めず、自分の誠が足りないことをいつも反省しなければならない。」

「敬天愛人」と知られるこの西郷の遺訓に続けて、新渡戸は「これらの言葉は、キリスト教の教訓を想起させ」る、と書いています。

キリスト教の教訓（イエス・キリストの言葉）とは、次のようなものです。

「『心を尽くし、精神を尽くし、思いを尽くして、あなたの神である主を愛しなさい。』これが最も重要な第一の掟である。第二も、これと同じように重要である。『隣人を自分のように愛しなさい。』」

（マタイによる福音書22章37～39節）

西郷隆盛の「敬天愛人」とイエス・キリストの「神を愛し、人を愛せよ」という教えとの間に、違いを見出すことは困難です。

忠　義――誰に仕えるかが問題

第九章は「忠義」（The Duty of Royalty）について書かれています。

一般の人は「武士道」と聞けば、ただちに「忠義」を連想します。それは国民の多くが、「葉隠的武士道」やこれを利用した天皇制国家の忠君愛国思想から抜けきっていないことの反映と思われます。しかし、「新渡戸武士道」はその道徳体系を「義」から始め、「忠義」は七番目におかれています。しかもこの章の中では、忠義のために自分の子供を犠牲にした史実を紹介するなど、読み進むのがつらい場面も登場します。同時に新渡戸は、旧約聖書にある、アブラハムがその子イサクを犠牲として神に供しようとした例を上げるなど、日本の封建社会が特殊でないことを指摘します。

この章の底流となっているのは「国家」や「王権」と個人との関係性です。

「アリストテレスおよび、近世の二、三の社会学者が言っているように、国家は個人に先んじて存在し、個人は国家の部分および分子として生まれたものであるから、個人は、国家のためにあるいは正当な権威の掌握者のために生き、また死ぬべきであるとした。」

ここには明らかに、国家あるいは王制に個々人は殉じるべきであるとした国家主義・全体主義に対する懐疑が示されています。続けて言います。

「イギリス人のような民主的な国民の間にさえ、ブートミー氏が最近『一人の人間ならびにその子孫に対する個人的忠誠の感情は、かれらの祖先であるゲルマン民族がその首領に対して抱いていたものであって、それが多かれ少なかれ伝わって、彼らの主君の血統に対する深い忠誠の念となり、王室に対する異常な愛着となって表れている』と言ったことを思い出す。」

この文章の「ゲルマン民族」を「大和民族」に、「首領」を「天皇とその祖先」に置き換えれば、そのまま「皇祖皇宗国ヲ肇ムルコト宏遠」（教育勅語）とした皇室国家・日本の体制に当てはまります。

誤解のないように言っておきますが、新渡戸はけっして天皇制国家に反対の立場をとっていません。むしろ明治天皇とその後の天皇に親愛の情を抱いておりました。

忠義を論ずるに際し、キリスト教徒である新渡戸の頭を悩ましたのは、「二主に仕える」問題でした。新約聖書には「だれも、二人の主人に仕えることはできない。一方を憎んで他方を愛するか、一方に親しんで他方を軽んじるか、どちらかである。あなたがたは。神と富とに仕えることはできない。」（マタイによる福音書6章24節）と書いてあるからです。

この章の中で新渡戸は、「心得ちがいのスペンサー学徒が始めた、きわめてばかばかしい論争」について触れています。それは「彼ら（注：スペンサー学徒）は君主に対する不可分の忠誠を擁護するのに熱心なあまり、キリスト教徒はその主に忠実を誓うものであるから反逆の傾向があると非難した。」というものです。

ここでスペンサー学徒と言われている者は、東京帝国大学教授・哲学者の井上哲次郎を指しているものと思われます。井上は、いわゆる内村鑑三不敬事件（教育勅語に内村が十分に拝礼しなかったことが発端）にかかわり、キリスト教を激しく批判しました。これに対し、キリスト教徒である植村正久らが反論しました。一八九一（明治二四）年のことです。

新渡戸は哲学用語を使った最大の皮肉を込め、こうしたスペンサー学徒を批判します。そしてイエスが「カエサルの物はカエサルに、神のものは神に納める」（新共同訳では「皇帝のものは皇帝に、神のものは神に返しなさい」マタイによる福音書22章21節）と言っているように、キリスト教徒は一方に親しみ他方を疎んずることなく二人の主人に仕えることができることを、スペンサー学徒は知らないようだと、反論します。

だが同時に、「国家の権力が強大となって、その人民に対して良心の命令権まで要求する日がくるとすれば、それこそ悲しいことではないか！」と、あくまで個人の尊厳にプライオリティを与えます。

そしてこの節の最後に、「無節操なへつらいで気に入られようとする『佞臣』、あるいは卑屈な追従で主君の愛を盗む『寵臣』」については、武士道はきわめて低い評価を与えているとし、とくに寵臣については、「表では忠義らしき身ぶりやしぐさを作り立て、心の底ではわが身のためにばかり図っている愚か者」と断罪するのです。

この文章は、権力を持った者、目上の者への忖度《そんたく》と自己保身に走る現代の役人の姿と重なります。

武士は食わねど高楊枝――清貧と義の道

第一〇章は「武士の教育および訓練」となっています。

武士の子弟への教育は主に藩校や寺子屋で行われましたが、「武士の教育において、最も重んじられたのは、品性を確立することであって、思慮、知識、弁説などの知的な才能は第二義的なものであった」と、新渡戸は書いています。「品性を確立する」教育とは、今流に言うと「人格教育」あるいは「徳育」のことです。現今の学校教育は知育偏重で人格教育はおろそかにされていますが、武士の教育では真逆であったのです。

しかし武士の教育においては、知育を含む学問一般を軽視したわけではありません。「武士は行動の人で、学問はその行動の範囲外にあって、武士の職分に関係する限りにおいてこれを利用した」のです。新渡戸が札幌農学校教授時代に設立した遠友夜学校の校是に「学問より実行」というものがありますが、これは「生きていくうえで役に立つ学問を身につけよ」という意味で、武士の教育と似たところがあります。

ところで、前々節で武士道の根幹にあったのは名誉、すなわち「恥を知る心」であることを学びましたが、日常の生活において武士がもっとも重視したのは、ぜいたくを避けることでした。「ぜいたくは、人間にとって最もおそるべきものであって、武士は常に質素な生活をしなければならぬと考えられ」ていたからです。

「武士は食わねど高楊枝」という言葉がありますが、これは、武士は貧しく食事に困るときでも、楊枝を口にくわえ満腹したような素振りをすることで、清貧の中でも気品を失わない、武士の心意気を示す言葉です。

ところで、この節にはこれまでの節に見られたような、聖書と関連させた記述はありませんが、イエスも人々に清貧の思想を語っているので、参考までに紹介しておきます。

「自分の命のことで何を食べようか何を飲もうかと、また自分の体のことで何を着ようかと思い悩むな。命は食べ物よりも大切であり、体は衣服よりも大切ではないか。空の鳥をよく見なさい。種も蒔かず、刈り入れもせず、倉に納めもしない。だが、あなたがたの天の父は鳥を養ってくださる。あなたがたは、鳥よりも価値あるものではないか。」（マタイによる福音書6章25～26節）

これは「武士は食わねど高楊枝」の生活態度そのものです。そして聖書では、この節の最後は「まず神の国と神の義を求めなさい」というイエスの言葉で終わるのですが、武士道でも「義の道」が目的とされることは前述したとおりです。

話を戻しますが、武士は、今日的に言うと公務員ですから、民衆から信用され尊敬される存在でなければなりません。そのために清貧を旨とし、品性を高めることに努めておりました。

「武士道においては、理財の道を一貫して低いものに見た。つまり、道徳的、知的な職務にくらべ、劣等なものとみなしてきたのである。このように、金銭を軽んじ、蓄財をいやしめたことが、武士道のそれに関わるいろんな弊害からまぬがれてきた理由である。またそのために、わが国の公吏が、長い間、腐敗や汚職から遠ざかることができたのである。だが、悲しいことに、現代における金権思想の、なんとすみやかに増大してきたことか！」

ここで書かれている「現代」とは明治中期ですが、まるで今の日本社会のことを言っているようではありませんか！

この節の最後では、武士社会にからめて教師の役割について述べられています。

「知識よりも品性を、知性よりも霊魂をみがくことを教育の任務の主眼とすると、教師の職業は実に神聖な性質をおびるようになった。」

「青少年から信頼と尊敬をよせられる師は、すぐれた人格と学識を兼ねそなえている人物であらねばならなかった。」

青少年への教育を職務としている人たちは、襟を正してこの新渡戸のメッセージを聞くべきでしょう。

克　己――感情を抑制する訓練

第一一章は「克己」で、前章につづき「武士の教育と訓練」について書かれています。この章の冒頭で新渡戸は、「勇気の鍛錬は、どんな事に対しても、ぐちを言わない忍耐の精神を養い、礼の教訓は、自分の悲哀や苦痛をあらわして、他人の快楽や安静を妨害しないようにすることである。この二つが相合して、ストイック的な心性を生み出し、ついには外見的ストイック主義といってもよいわが国民性を形成した」と書いています。

第四章で「勇気・敢為堅忍の精神」について触れましたが、この章で述べられる「勇気の鍛錬」も同じことで、武士の家庭では礼儀の作法と共に、子供のときから忍耐力を養う「教育と訓練」が行われていました。

「外見的ストイック主義」とは、前章で述べたような、品性を重視し、経済的なことに禁欲する行動原理と言ってよいかと思います。

では、武士の家庭ではなぜこうした「教育や訓練」がなされたのでしょうか。それは日本人の国民性に由来する、と新渡戸は言います。

「われわれ日本人は、他民族以上に感情が細やかで、自然に発する感情を押さえることに、かえって苦痛を感ずるほどである。たとえば、わが国の少年少女は、幼い時から、自分の感情を押さえて、いたずらに涙を流したり、苦痛の声をだしたりしないように教育されてきた。」

すなわち、日本人は、繊細な感情をもつ国民であり、「自分の悲哀や苦痛をあらわして、他人の快楽や安静を妨害」する恐れがあるので、武士の家庭では、子供のときから感情を抑制する訓練をしてきたというのです。この訓練は、一言でいうと「克己」（心の中に起きる衝動や欲望を意志の力で抑えること）です。

この章で新渡戸は、出征する兵士に対して涙を出さずに見送る家族や、病気の子供を襖の陰で静かに見守る父親について、淡々と描いています。また、「臨終に際して、他郷にいるわが子の勉強の妨げにならないように、これを呼び返すことを拒んだ母親がいる！」と書いていますが、これは新渡戸自身の母親のことを言っているのです。

日本人は「男子でも女子でも、おのれの霊魂に感激をおぼえるところがあれば、まず自分の本能を静かに抑え、外へあらわさないように努める」のです。

さらに日本人は、感情を外にあらわさないどころか、しばしば笑い（微笑み）をもって相手に接します。

「日本人が逆境にあって心を乱され、苦しみと悲しみにうちひしがれたとき、しばしば笑うのは、その心の平静を保とうとする努力を、人前で隠そうとするためであって、笑いは、悲しみやあるいは怒りのバランスをとるためのものであった」からです。

「克己の理想とするところは、わが国の表現で言えば心の平静を保つこと」であったと、新渡戸はこの章の最後で述べます。「勇気の鍛練」という武士の家庭教育で始まったこの章は、日本人の国民性に敷衍していきました。

なおこの章では、心の思いを口に出さないという日本人の習性にかかわって、十戒の一つである「神の名をみだりに口にしてはならない」という旧約聖書の言葉が出てきます。しかしこの章にはありませんが、新約聖書には、忍耐や克己に触れた言葉がいくつかあります。二つだけ紹介します。

「わたしたちは知っているのです、苦難は忍耐を、忍耐は練達を、練達は希望を生むということを。」（ローマの信徒への手紙5章3〜4節）

「何事も、不平や理屈を言わずに行いなさい。」（フィリピの信徒への手紙2章14節）

男も女も自己犠牲の精神を

「克己」に続く第一二章は「切腹および敵討ち」、第一三章は「刀・武士の魂」です。いずれも西洋人が日本の封建社会を論ずるとき、必ずといってよいほど問題とされるものです。しかし、私が「新渡戸武士道」を取り上げるのは、そこに現代の日本社会において再評価すべき道徳や倫理の体系が含まれているのでは、という問題意識からです。その点から言うと、この二つの章はパスしても良いのではないかと思います。歴史的事実としては興味がないわけではありませんが、いずれも身近な話ではないからです。

そこで、この二つの章を飛ばして第一四章「婦人の教育と地位」に入ります。実は新渡戸『武士道』の各章において頁数がいちばん多いのはこの一四章です。そこにはフェミニストとして、女性の人格形成と教育に生涯の多くを割いた新渡戸の思いが反映されているのかも知れません。

しかし、この章で説明されているのは「封建社会における女性、とくに家庭夫人」のことであって、個人の尊重と男女平等を憲法に明記した戦後の日本社会の現状とストレートに結びつけることはできません。だからと言って、この章で書かれていることを簡単に切ってしまうのは惜しい気がします。ジェンダー論としても、重要な提起があるからです。

例えば、現代の女性は、この章にある次のような文章をどう感じるでしょうか。

「娘としては父のために、妻としては夫のために、母としては子供のために、彼女らはおのれを犠牲にした。こうして女性は幼少のころより、おのれを空しくすることを教えられた。彼女らの一生は独立の生涯ではなく、従属的な奉仕の生涯であって、男子の内助者として彼女の存在が役に立てば、夫とともに晴れの舞台に立ち、もし役に立たなければ彼女は幕のかげに退くのである。」

多くの女性、とくに若い女性は、これは男女差別だ、不平等だ、女性の人権を認めていないと言うでしょう。そのとおりで、私もこうした意見に賛同します。しかし、男女の肉体的な差異は生物学的な現実であって、女性が男性と同じように、たとえば女性が武士になって戦闘の場に行き、男性と対等に戦うことは不可能です。また、子供を産むのは女性にしかできず、妊娠と出産後の一定期間は、通常の仕事はできません。こうした肉体的性差を認めるならば、女性にしかできない仕事（それには主婦や母という仕事も含まれます）を自ら選択し、その仕事に誇りと生き甲斐、楽しみをもつ女性が増えることはむしろ歓迎すべきことではないかと、私は思います。現に専業主婦や母親としての仕事に、生き甲斐を持っている女性はたくさん存在します。

同時に女性が社会の中で働きやすい環境をつくるための、労働行政や社会福祉行政の役割は大きく、それらの充実に対する国民の理解を高めること、そして何よりも女性を「内助」という従属的地位から解放し、相互に人格を尊重するとともに、家事・育児を分担しあう、民主的な夫婦関係をつくることが必要であると思います。

ところで、この節には「誰のために仕えるのか」という、現代のサラリーマン社会の夫婦関係と通底する問題が述べられています。こうです。

「妻が夫に尽くすのは、夫が主君に尽すのと同様で、女性は男性の奴隷ではなかった。女性の果す役割は、『内助』すなわち『内側からの助け』であった。妻はおのれを空しくして夫に仕え、夫はおのれを空しくして主君に仕え、主君はさらにこれをもって天の意に服従したのである。」

ここでは「天の意に服従する君主」に「家臣である夫が仕え」、その夫を「妻が内助する」という関係が語られます。君主が服従する「天の意」とは「義」のことでしょう。この「義」を行う君主のために、武士もその妻も直接・間接に「仕え」たのです。

だが、こうした主君を媒介にした「義」の実践には、キリスト教的に言うと問題があります。新渡戸はこう指摘します。

「私はこれらの教訓の欠陥を知っている。キリスト教のすぐれている点が、創造主に対する直接の責任がある、と教えていることである。この奉仕の教義に関するかぎり、つまり自分の個性を犠牲にして、自己よりも高い目的に仕えるということは、キリストの教えの中でも最大の教えである。」

マタイによる福音書に次のようなイエスの言葉が書かれています。

「わたしよりも父や母を愛する者は、わたしにふさわしくない。わたしよりも息子や娘を愛する者も、わたしにふさわしくない。また、自分の十字架を担ってわたしに従わない者は、わたしにふさわしくない。自分の命を得ようとする者は、それを失い、わたしのために命を失う者は、かえってそれを得るのである。」（同10章37〜39節）

「創造主に対する直接の責任」とは自己と家族を犠牲にしてでも神に従う、ということです。もちろん、そんなことは普通の人間にはできません。しかし、武士社会では主君のために自己と家族を犠牲にすることは普通だったのです。新渡戸もこの章で「武士道の教訓はすべて自己犠牲の精神によって充たされており、それは女子についてのみではなく男子についても要求された」と書いています。信仰者はもとより、神を信じない者も、義という高い目的のために自己を捧げるという精神は、誠実に生きようとする人ならば持つことができるのではないでしょうか。

武士道にキリスト教を接木《つぎき》する

第一四章で武士道における倫理や道徳の説明は終了します。第一五章「武士道の感化」では、武士の道徳が他の階級に浸透し、大和心という国民的精神になっていった過程について述べています。さらに第一六章「武士道はなお生きられるか」では、武士道の精神が明治維新を行った原動力であり、封建社会から近代社会への過渡期にある日本では、武士道はまだしばらく影響力をもつという見通しが示されます。

この一六章で私が興味を引くのは、当時（明治時代）における外国人宣教師の日本人に対するキリスト教伝道のやり方を批判し、こう述べていることです。

「もしキリスト教を伝道しようとするならば、理解しやすい言葉、つまりそれぞれの国の人々の道徳的発達にふさわしい言葉で表現したならば、人類や民族の如何にかかわらず、それらの人びとの心の中に深く宿ることができるであろう。」

そして、「アメリカ的あるいはイギリス的形式をもっているキリスト教」は、「アングロ・サクソン的性癖と妄想を含んで」おり、そのままでは「武士道の幹に接木をする」ことはできない、というのです。新渡戸がこうした厳しい批判をする背景には、当時の宣教師たちの一部に、武士道の「幹、根、枝などを根こそぎにして、福音の種子を荒れ果てた土地に播くような」宣教をしていた現実があったからです。

もっとも、ここで新渡戸が批判しているのは宣教師による布教のやり方であって、キリスト教そのものではありません。これまでの各章で新渡戸は、キリスト教を高く評価し、この章の末尾においても「かれら宣教師たちの信じる宗教の根本的な原理は、われわれが武士道の将来を考える上に、かならず研究しなければならない一大勢力であることには疑いない」と述べています。

ところで少し横道にそれますが、上述の一節にある、キリスト教を「武士道の幹に接木する」という言葉で思い出すのは、新渡戸の盟友・内村鑑三による「武士道と基督教」に関する一文です。「武士道と基督教」という表題で内村は、一九一六(大正五)年に『聖書之研究』誌に英語と日本語で短い文章を投稿しています。冒頭でこう述べます。

「武士道は日本国最善の産物である。然し乍ら武士道其物に日本国を救ふの能力《ちから》は無い、武士道の台木に基督教を接いだ物、其物は世界最善の産物であって、之に日本国のみならず全世界を救ふの能力がある(以下略)」(『内村鑑三全集』二二、岩波書店、一六一頁)

また、一九二八（昭和三）年に内村は、札幌で同じ「武士道と基督教」という演題で講演を行い、その全文を『聖書之研究』に収録しています（同全集三一、二九二〜二九七頁）。

この講演の中では「接木」という言葉はありませんが、「武士道は神が日本人に賜ひし最大の賜物」とし、具体的に武士道道徳の「正直」「勇気」「恥」などとキリスト教との密接な関係を解説します。

内村は国粋主義とも言える熱烈な愛国者でした。彼の「愛国と信仰」（一九二八年）という一文（同全集三一、五〜六頁）では、日本人の美点として、「信義を重んずる」「礼節を尊ぶ」「利益よりも正義を追求む」「他人に迷惑をかけない」「情に厚い」などを上げ、「純なる日本人は最も善き基督信者を作る。信仰は信義と礼節の上に築かざるべからず。」と言い切っています。

新渡戸と同じく「武士の子」（出自は高崎藩）であった内村は、死ぬまで「二つのＪ」（Japan と Jesus Christ）に尽そうとした日本人でした。そうした内村の根底には武士道があったと言えます。

話を新渡戸に戻しますが、新渡戸も愛国という点では内村に負けていません。新渡戸が『武士道』を書いた動機の一つには、「日本人が、外国から劣等民族であると見下されることに耐えることができない名誉心」があったものと思われます。この言葉は第一六章でわが国の明治維新以降の産業化の原動力にかかわって述べたものですが、新渡戸自身の思いでもあったことは明らかです。

武士道は消えたが、その精神は残る

終章（第一七章）「武士道の将来」に入ります。

これまでの章で武士道の優れた点を述べてきた新渡戸ですが、その将来についてはきわめて悲観的な見通しを語ります。この点では、武士道の普遍性を強調した内村鑑三とは違います。

「社会の状況が大きく変化して、武士道に反対するだけでなく、それに敵対するようにさえなった今日、その名誉ある葬送の準備をしなければならない時である。（中略）わが国においては、一八七〇（明治三）年廃藩置県が公布されたことは、まさに武士道の弔《とむら》いの鐘を知らせる信号であった。」

この節で新渡戸はこのように述べながらも、他方で「現在われわれに課せられた使命は、この遺産を守り、古来の精神を少しもそこなわないことであり、そして未来に課せられた使命は、古来の精神の範囲を大きく拡げてゆき、人生のすべての行動とそれらとのいろんな関係に応用してゆくことである」と書いています。

ここで「古来の精神の範囲を大きく拡げてゆき」と述べている含意は、先述した「武士道にキリスト教を接木する」ことではないかと、私は思います。それは、この一文のあとに「日本人の心にそのあかしをたて、理解されてきた神の国の種子は、武士道の中にその花を咲かせた」と書いてあるからです。

しかし、「悲しいことに、その実が充分に成熟する日を待たないで、今や武士道の時代は終わろうとしている」というのが、新渡戸の当時における状況認識です。そして、明治の変革後に増えつつある「功利主義者や唯物主義者の損得哲学（中略）、これに対抗できうるだけの強力な道徳体系は、ただキリスト教があるのみ」とするのです。

このように新渡戸はキリスト教に期待するのですが、それは「個人主義が道徳の要素として勢力を増していけば、キリスト教の道徳の実際的な効力も、ますます拡がってゆく」からです。ここには、新渡戸が生涯貫いた「人格主義」の萌芽が見られます。

この節の最後はこう結ばれます。

「武士道は、一個の独立した道徳の掟としては消え去ってしまうかもしれない。しかしその力は、この地上より滅びはしないであろう。その武勇と文徳の教訓は、体系としては崩れ去るかもしれない。しかしその光明と栄光は、その廃墟を乗り越えて永遠に生きてゆくであろう。その象徴である桜の花のように、四方の風に吹かれて散り果てても、その香気は人生を豊かにして、人類を祝福するであろう。」と。

ここには南部藩士の家に生まれ、子供のときから武士としての教育を受けた新渡戸のシンパシイが吐露されています。同時に封建時代における「武士の掟であり、武士階級の身分に伴う義務」（第一章参照）である武士道は、明治の変革後の民主主義的潮流の中で、消え去る運命にあることを自覚し、新時代の道徳体系を模索しようとする姿勢が感じられます。

「武士道」から「平民道」へ

新渡戸稲造の *Bushido: The Soul of Japan* は、今から一二〇年前の一九〇〇（明治三三）年一月に米国において英文で発刊されて以降、ドイツ語、スペイン語など各国語に翻訳され、世界の識者に読まれるようになりました。それは東洋の小国でありながら、日清戦争に勝ち（一八九五年）、一躍世界の舞台に登場した日本という国を、日本人自身によって紹介した文献であったからです。有名な話としては、当時のアメリカ大統領であったセオドア・ルーズベルトがこの本を三〇冊購入し、知人に配布したことです。最初は、日本国特使・金子堅太郎が、日露戦争（一九〇五年終戦）後の講和条約締結の仲介者になってもらう意図でルーズベルト大統領に会い、新渡戸の *Bushido* を贈呈したようです。この本を読んで日本の国民的徳性を知った大統領は、日露戦争の終結と日本側に有利な日露講和条約締結に努力したことが伝えられています。

一九一一（明治四四）年八月、当時第一高等学校校長であった新渡戸は、初の日米交換教授として渡米し、翌年五月まで実に一六六回に及ぶ講演を行います。その内容は、*The Japanese Nation*（邦訳「日本国民」）として出版（邦訳は『新渡戸稲造全集』第一七巻に収録）されています。その書の第六章「道徳と道徳理想」の中でも、武士道の道徳体系が紹介されています。

そして大正期に入り、いわゆる大正デモクラシーが世間を風靡していた一九一九（大正八）年、新渡戸は雑誌『実業之日本』に「平民道」という論説を寄稿し、次のように述べます。

「昔の如く『花は桜木、人は武士』と謳った時代は過ぎ去って、武士を理想或は標準とする道徳もこれ又時世後れであらう。それよりは民を根拠として標準とし、これに重きを置いて政治も道徳も行ふ時代が今日まさに到来した、故に武に対して平和、士に対して民と、人の考がモット広く且つ穏かになりつゝあることを察すれば、今後は武士道よりも平民道を主張するこそ時を得たものと思ふ。（中略）僕の所謂平民道は豫て主張した武士道の延長に過ぎない。嘗て拙著にも述べて置いた通り武士道は階級的の道徳として永続すべきものではない」（『新渡戸稲造全集』第四巻、五四〇～五四一頁）

「平民道」とは democracy に対する新渡戸独特の訳語であって、今日的に言えば民主主義です。当時は民主主義と言えば、国体（天皇制）に反する危険思想と思われていました。そのこともあって新渡戸はあえて平民道という言葉を使ったのですが、これは言うまでもなく、武士道をもじった言葉です。武士道は数百年間にわたって、武士のみならず町人百姓の道徳の根底に流れており、それは武士階級がなくなった明治に入っても基本的には変わりませんでした。そうした国民意識の土壌に西欧的な民主主義の観念を植え付けるには、身分差別のない平等な社会を含意する「平民道」という言葉の方が、当時としては国民意識にフイットすると、新渡戸は考えたものと思われます。

若者たちへ――「新渡戸武士道」を学ぶ意義

武士道は明治維新後なくなりましたが、その精神（武士道精神）は、まだ戦前の日本社会には残っていました。しかし、国体思想とつながった武士道精神は、ＧＨＱ（占領軍総司令部）の日本統治を契機にほぼ放逐されてしまいました。そして第二次大戦後の文化状況の変化の中で、アメリカ的な個人主義が浸透し、「精神の豊かさ」よりもモノ・カネといった「物質的な豊かさ」を重視する傾向が強くなってきました。二〇〇〇代初頭、いわゆる小泉改革が席捲していたころに、ある若手経済人が、「倫理は時代とともに変わる」「稼ぐが勝ち」とうそぶき、若者に少なからぬ影響を与えました。

この人はその後経済犯で実刑となりましたが、彼の価値観は若者をはじめ日本国民に深く浸透していきました。「今だけ、金だけ、自分だけ」という価値観です。まず自分と家族の幸せを求め、他人のこと、自分の属している組織のこと、郷土や国のこと、世界のことを、あまり考えようとしない。「義」や「仁」はどこかに飛び去り、道徳の教科書の中だけのこととなりました。

電車の中で平気で化粧をしている若い女性などを見ると、「恥」が失われたことを痛感します。自分のことしか考えず、人の目を気にしないと、礼儀も乱れます。教師に会っても挨拶をしない。散歩で出会っても、横を向いて去っていく。

スマートフォンが普及した今日では、自己中心が社会の奔流になりました。電車の中ではスマホに見入っている若者だらけです。そのため老人が電車で立っていても気が付かず、席を譲ろうとしません。「仁」、いたわりの心はどこに行ったのでしょうか。

授業中に友達とおしゃべりをする。空き缶やペットボトルをポイ捨てする。真面目に努力するのではなく、要領よく立ち回ろうとする。我慢することができず、飽きっぽい。人が困っていても助けようとしない。時間にルーズで約束を守らない。読み、書き、話すという日本語のリテラシーに欠ける。政治には関心がなく、選挙には行かない。

上げればきりがない、こうした最近の若者の傾向の背景に、家庭の躾けや学校教育の問題、あるいは軽佻浮薄な世相や政治の信頼度の低下などがあることは言うまでもありません。だが、「どう生きるか」という自分への問いかけを、若者が避けていることが根底にあるのではないでしょうか。

また最近の子供や少年の行動をみると、家庭や学校で「寛容と忍耐」、すなわちガマンすることを教えていないように思います。親は子供の要求するままに、甘い食べ物を与え、おもちゃやゲーム器具を買い与えています。

そうした環境の中で育っていくと、要求が通らないときに、かんたんにキレてしまい、時には殺人事件にまで発展してしまいます。「カッとなって殺した」という青少年の殺人事件がニュースを賑わしています。通り魔的な殺人事件も頻発していますが、犯人の動機は「ムシャクシャしていたから」「ムカツイテいたから」というものが多いのが特徴です。要するに「不快」や「怒り」のような感情をコントロールすることができず、ストレートに凶暴な行動に出てしまうのです。このような殺伐とした、感覚のみで動く人間が増えている時代であるからこそ、武士道にある「克己」の訓練が必要なのです。

なお、誤解のないように言っておきますが、さきほど記述したような現代の若者の振る舞いについては、すべての若者がそうだというのではなく、かなりの個人差があるということです。ペットボトルや空き缶をところかまわず捨てる若者がいると思えば、これを拾い集めている若者もいるのです。公徳心や礼儀の欠如については、若者だけでなく大人についても言えることです。

私見では、最近の若者は一般に正直でやさしい心をもっている者が多いように思います。しかし、正義のために勇気と忍耐力をもって突き進むといった気概に欠けているようです。このような気概を持つためには、まず自分自身が物質的にも精神的にもハングリーであり、そうした状況から抜けだそうという強い意志がなくてはなりません。だが、現代の日本は一般に物質的に恵まれた環境にあり、子供も若者もハングリーな気持ちになることはありません。

他方で、精神的にはハングリーな若者が少なくないようですが、そうした人たちは、他人とのつながりの中で自己確認をしようとし、以前は新興宗教やアイドル崇拝に走り、最近ではスマホのＳＮＳやインターネットのチャットなどに依存するようになっています。だが、こうした自己確認は自分中心の内向きのものであって、外に向かって、たとえば平和で民主的な社会をつくる、世界から飢餓と貧困をなくす、地球環境の悪化を防ぐ、といった崇高な理念は一般に希薄です。

しかし、現代の世界も日本もきわめて危うい方向に向かいつつあります。これから長く生きる若者が、そうした危険な状況を打破し、平和で民主的、差別がなく自然豊かな社会をつくるために、もっともっと頑張ってほしいと思います。そのためにも、「新渡戸武士道」を一つの素材として、自分たちの生き方を考える時間をぜひ持ってください。もちろん大人たちも。

武士道精神は、明治維新の担い手たちの活力となったように、世の中を変える精神的な武器です。正義、勇気、仁愛、誠実、礼、克己などは、日本だけでなく世界的に普遍性のある道徳の体系なのです。

【付記】本稿は、武士道をめぐって著者が行った複数の講演を基に、大幅に加筆したものです。

第3章　新渡戸稲造『農業本論』の周辺

はじめに——北大農業経済学事始め

農業経済学科としては日本でもっとも歴史のある北海道大学農学部農業経済学科は、本年（二〇一九年）九月をもって設置百周年を迎えました。設置されたのは一九一九（大正八）年九月で、前年に東北帝国大学農科大学から北海道帝国大学に移行していた、同大学の農学部学則によって、それまで存在していた農学科第二部が農業経済学科と改称されたのです。

しかし農業経済学教育の歴史を遡れば、札幌農学校時代に行き着きます。一八九一（明治二四）年三月に米国・ドイツ留学から帰国した新渡戸稲造が札幌農学校教授に着任し、さらに同年八月に佐藤昌介が農学校の校長心得に就任したことを契機に、カリキュラムの大幅改正がなされ同年九月から施行されます。その時点で設けられた農業経済学関連科目は経済原論、農業経済学、農業史、殖民史、農政学で、農業経済学は佐藤昌介が担当し、他の四科目は新渡戸稲造が担当しました。新渡戸教授は専門科目以外に独逸語も担当し、さらに予科の英語や倫理も担当して大変だったようです。なお一～二年目の農学は、外人教師のブリガムが担当していました。

こうして陣容を整え再出発した札幌農学校でしたが、二年後には教官会議で実科実習制度を導入することを決定し、一八九四（明治二七）年九月から施行しました。この制度は専門課程四年間のうち最初の二年間は共通科目で授業を受け、三年目からは農業経済学・農芸化学・植物病理学の三つの実科と二つの実習（農芸・牧畜）のいずれかを学生に選択させ、専門的に教授することを目的としたものでした。

この実科実習制度は専攻制度とも呼ばれました。農業経済学専攻の教育方法は、他の自然科学系専攻が実験・実習が中心であったのに対し、演習（ゼミナール）を中心としたものでした。いまでこそゼミナールはほとんどの大学で取り入れていますが、これを日本で最初に導入したのは札幌農学校の農業経済学演習です。演習の導入にあたっては新渡戸の提案があったことは明らかで、そこには新渡戸が米国留学中に在籍したジョンズ・ホプキンス大学の seminar の経験がつよく印象に残っていたようです（*Litterae Populi* Vol. 60, 北海道大学広報誌）。

こうして一八九四年九月の新学年（当時は九月から翌年七月までが一学年でした）から農業経済学演習がスタートしたわけですが、初年度の専攻生は四年目が一名、三年目が四名で、指導教授は佐藤昌介教授と新渡戸稲造教授の二教官でした。四年目から演習を選択し、最初の農業経済学専攻の卒業生となったのが高岡熊雄で、彼は新渡戸退官後のポストを引き継ぎ、のちに第三代北海道帝国大学総長になっております。ちなみに演習室は、いま時計台と呼ばれている札幌農学校演武場の一階にありました。設置当初の札幌農学校は札幌中心部の北一～二条、西一～二丁目に校舎や教官官舎が展開し、現在、北大農学部がある北九条西九丁目に移転したのは、一九〇一（明治三四）年～一九〇三年のことでした。

ともあれ北大農業経済学科は、そうした名称の学科になってからは今年で百年になりますが、前身である札幌農学校の農業経済学専攻が出来たのは一八九四年ですから、その時点から数えると一二五年となります。いずれにしても長い歴史を有した伝統ある学科であることに、私たち北大農経卒業生は誇りをもって良いでしょう。

『農業本論』には初版と増訂版がある

さて、今日の本題である新渡戸稲造著の『農業本論』の話に入りますが、この初版本は一八九八（明治三一）年八月に東京の裳華房という書店から発行されましたが、奥付には札幌農学校学芸会蔵版とあり、版権はここにあることが分かります。札幌農学校学芸会というのは、新渡戸の同校在職中につくられた教官・学生共同の交流組織で、新渡戸が会長を務め、機関誌として『恵林』という雑誌

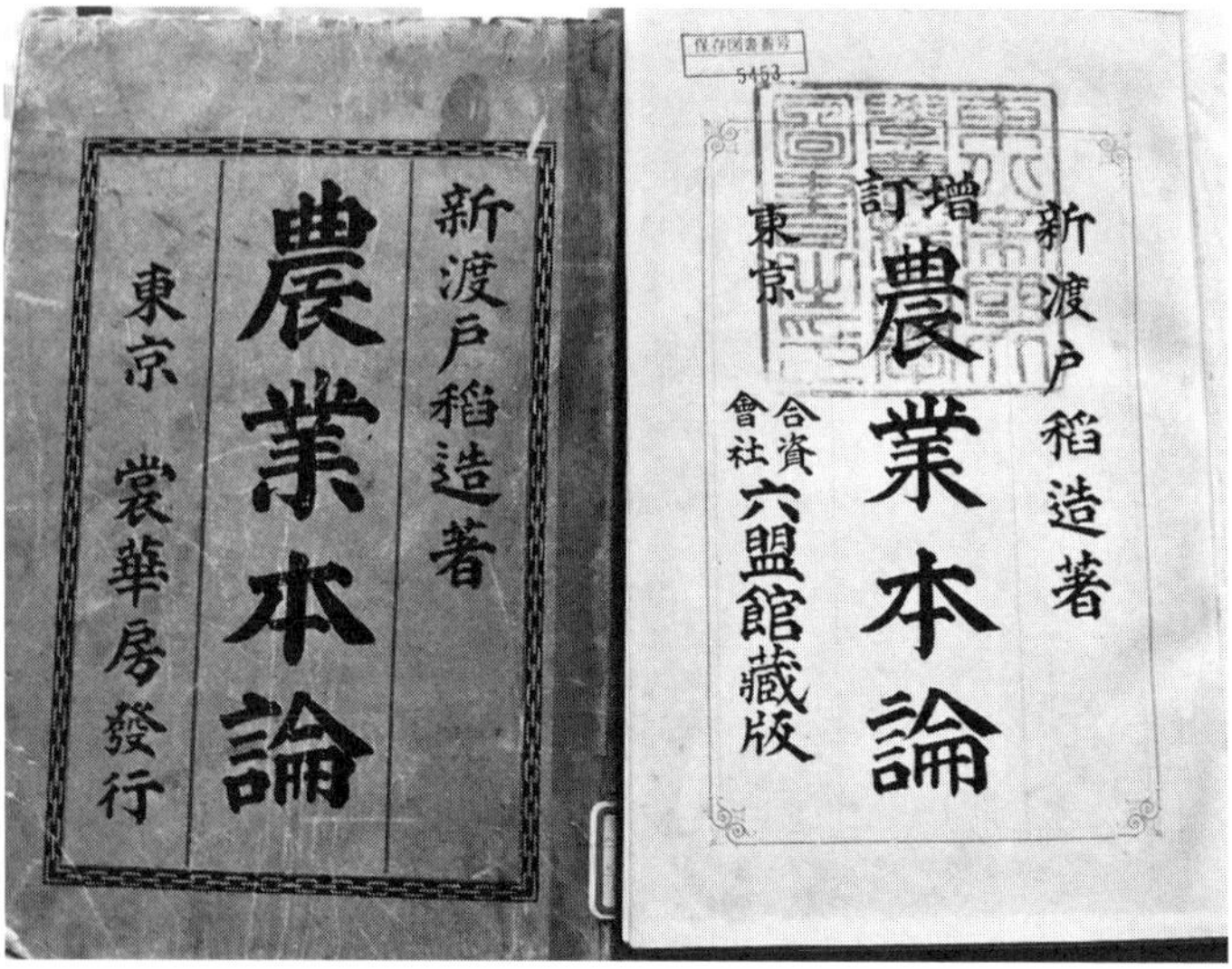

写真 新渡戸稲造著『農業本論』の初版と増訂版

を発行しておりました。

この初版『農業本論』は一部の図書館でないと目にすることができない貴重本です。一般の人がふだん読むことができるのは、一九〇八（明治四一）年発行の『増訂農業本論』で、東京の合資会社六盟館蔵版のもので、初版から一〇年後に発行されました。写真では左側が初版の表紙、右側が増訂版の中表紙です。

増訂版は教文館の『新渡戸稲造全集』第二巻に収録されていますし、『明治大正農政経済名著集』の⑦として、農山漁村文化協会（農文協）から一九七六年に発行されています。後者は北海道大学農業経済学科の崎浦誠治教授（故人）が解説を書いております。この講演の中で引用する『農業本

第 1 章	農の定義		+7
第 2 章	農学の範囲		+20
第 3 章	農事（農業）における学理の応用		+13
第 4 章	農業の分類		+10
第 5 章	農業と国民の衛生		+35
第 6 章	農業と人口		+42
第 7 章	農業と風俗人情		+26
第 8 章	農民と政治思想		+24
第 9 章	農業と地文		+26
第10章	農業の貴重なる所以		+25

注）カッコは増訂版で変更された章名。右の数字は増訂版で増えた頁数。

論』の叙述も農文協版に依拠しています。

新渡戸『農業本論』については、末尾の参考文献に掲載したように多くの評論がなされていますが、その大部分は増訂版を基にしたものです。しかし、『農業本論』を最初に取り上げ、批判したのは河上肇の『日本尊農論』（一九〇五年）および『日本農政学』（一九〇六年）でありこの講演で後に紹介しますが、これは時代からして初版を基にしています。

では、初版と増訂版ではどのような違いがあるのでしょうか。実は大有りなのです。まず頁数が全然違います。初版も増訂版も一頁は三五字×一四行で同じ字数ですが、総頁数は初版が四五四頁に対し、増訂版は六八二頁と、実に二二八頁も増えているのです。

どのような加筆がなされているのか。ここでは詳しく触れることができませんが、参考までに同書の目次を示し、どの章が加筆されているのか見てみましょう。

一〜四章はいわば「農学の基礎」編で通説とそう変わらない

のですが、五〜一〇章は新渡戸独特の主張が盛り込まれています。増訂版ではその五章以下でかなりの加筆がなされているのです。本日の講演ではその加筆部分すべてにコメントする余裕も能力もないので、最後の一〇章を中心としたコメントに留めたいと思います。

その前に、この書物（初版、増訂版）が執筆・出版されるに至った経緯について、私が調べたことをお話します。

『農業本論』出版の経緯

『農業本論』が札幌農学校の講義を母体にしたものであることは、広く知られています。しかし何の科目の講義であったのかについては、管見のかぎりでは調べられていません。新渡戸教授在職当時の履修表（本科）については北海道大学文書館に保管されています。その資料を見てみると、たいへん興味深いことが分かります。

先ほど、新渡戸が教授として着任した一八九一（明治二四）年の九月からカリキュラムの大幅改定がなされ、新渡戸は専門科目では「農学」や「農業経済学」ではなく、「経済原論」「農業史」「殖民史」「農政学」を担当したと述べましたが、その後一八九四（明治二七）年九月の専攻制度の導入によってカリキュラムの若干の変更と担当者の交代がなされます。新渡戸は一年目前期の農学総論（後期は農学通論として南鷹次郎が担当）、他に二年目前期の農業史、二年目後期の経済原理（経済原論）を担当することになります。それまで新渡戸が多くの時間を持っていた独逸語は石田康・大島金太郎が担当するようになり、さらに農政学と殖民史は佐藤昌介が担当するようになりました。

新渡戸からみれば負担軽減ですが、問題はのちに『農業本論』として纏められる講義がどの科目でなされたかです。幸いなことに北大文書館には、当時の学生受講ノートの一部が関係者からの寄贈によって残されています。私が『農業本論』の内容に近い受講ノートを調べたところ、高岡熊雄（一八九五年農業経済学専攻卒業）の「農政学」受講ノートと湯地定彦（一八九八年農業生物学専攻卒業）の「農学総論」受講ノートを見つけました。いずれも新渡戸教授担当で、受講年度は一八九四～一八九五年です。ここから、この年度に高岡は本科四年目で「農政学」を受講し、湯地は本科一年目で「農学総論」を受講したことが分かります。この年度は講義担当者が代わった時期ですが、高岡は一八九一年入学なので旧カリキュラムに従って新渡戸教授担当の四年目「農政学」を受講したものと思います。

実際にこの二つの受講ノートを管見してみたところ、驚くことにその内容が類似しているのです。もっとも「農学総論」は全学生対象の前期のみの講義なので短く簡潔であり、「農政学」は主に農業経済学専攻学生対象の前・後期の通年講義なので長く、詳細になされているという違いがあります。しかも高岡の受講ノートは冒頭が Agrarpolitik という独文で始まり、全体は邦文と英文、独文が混合したものになっています。ここから新渡戸は「農政学」においては、日本語に英語とドイツ語を交えながら講義したことが推察されます。

時間が限られているので断定的に申し上げますが、新渡戸は一八九一年赴任時に教授として最初に担当した「農政学」や「農業史」に相当な時間を割いて研究し、それらの内容を三年後から担当した「農学総論」の講義にも活用したということです。

新渡戸は農業に関わる小論を学芸会機関誌『恵林』に投稿（「農業ヲ貴重スル説」「農業ノ政治ニ及ボス影響」「農の定義」など）していますが、それらの多くはさらに考究が進められ、のちに『農業本論』に編入されています。これらの事実も『農業本論』が、札幌農学校教授時代の研究と講義に基づくものであることを証拠立てるものです。

以上から結論的に言えることは、新渡戸は当初「農政学」の講義要綱作成に力を入れ、その手始めの作業として「農学総論」を完成させたということです。事実、新渡戸は『農業本論』初版の「自序」において「帰朝の後、之を札幌農学校の教授に受け、学生に農学の総論を講課することとなりしが、その折、徐々本書の材料を集成せり」と述べ、さらに「凡例」において、「本書は『農業本論』と題せるも、余の本旨は『農政前提』を綴り、以て『農政』の序論たらしむるにあり」と書いています。しかし新渡戸はその後「農政本論」を纏めることはしませんでした。その原因は推定の域を出ませんが、新渡戸の公職が多忙をきわめ、他方、知識人としての新渡戸の関心が「武士道」など日本の精神文化の考究に向っていったことにあるように思います。

話が戻りますが、『農業本論』初版の「自序」は「明治三十一年七月十七日　伊香保聚遠楼に於て」書かれています。新渡戸は一八九七（明治三〇）年一〇月神経性の病気が悪化して札幌農学校に「転地療養」のための賜暇（休暇）願いを出し、夫妻で札幌を離れます。その後、鎌倉、沼津で静養し、群馬県伊香保温泉において札幌農学校で研究・講義した「農業本論」「農業発達史」の原稿化の作業を行います。ところが、病気のため右手が不自由であったようで（新渡戸のスミス女学校での教え子である河井道の証言）、著述は口述筆記であったようです。その場合、筆記者が必要ですが、この点については『農業本論』初版の「凡例」の中で、新渡戸は次のように書いています。「余の初め本書の稿を起すや、其大半は、岩谷譲吉氏の筆記を煩はし、時々また農学士小谷武治氏、藤波源治郎氏を労したり。」

ここで謝辞を述べている岩谷譲吉は、北大農学部の同窓会である『札幌農学同窓会員名簿』によると、札幌農学校の農業経済学専攻を一八九九（明治三二年）に卒業しています。同氏の本科入学は一八九五（明治二八）年九月と思われますので、一年目前期の新渡戸による「農学総論」を受講し詳細にノートを取っていたものと想像します。また、小谷武治は一八九七（明治三〇年）七月に農学専攻を卒業しており、のちに北海道帝国大学予科教授・札幌遠友夜学校の代表も務めています。藤波源治郎の消息は不明です。いずれにしても、新渡戸の講義を実際に聴講した者の手助けがなければ、

『農業本論』が世に出ることはなかったものと思われます。

さらに一九〇八（明治四一）年発行の増訂版でも教え子の助力がありました。増訂版の序文には「此改版に就きては、農学士小出満二君を労したること甚だ大なり。特に記して、深く同君の労を謝す。」と書いています。謝辞を述べられた小出満二は一九〇六（明治三九）年東京帝国大学農科大学卒業です。増訂版発行当時、新渡戸は第一高等学校の校長でありましたが、東京帝国大学の教授も兼務していました。小出は新渡戸から農政学を学ぶと共に、教授の指導の下に『農業本論』増訂版の資料集めを行ったものと想像されます。なお小出は鹿児島高等農林学校（現鹿児島大学）、九州帝国大学農学部で教授を務め、一九三八年には東京高等農林学校（現東京農工大学）の校長となっています（経歴はフリー百科事典『ウィキペディア』より）。また小出は、新渡戸の自宅で一九一〇年から開始された郷土会（後述）にも参加しています。

五章〜八章の農村社会学的考察

『農業本論』出版の経緯について時間を費やしてしまいましたが、いよいよ本書の中身に入っていきたいと思います。

さきほど目次を紹介しましたが、農政学を志していた新渡戸がとくに力を入れたのは、内容からいって五章以降のようで、増訂版でもかなりの加筆がなされています。しかし新渡戸の関心は農業・農民の経済的分析よりも社会的分析です。別の表現をすると農村社会学的考察と言ってよいかと思います。

例えば第五章「農業と国民の衛生」では、農民は都会人に比して長命なことや、死亡率が低いこと、また女子の生殖力は農村の方が高いが、労働が過重であり短命なことなど、諸外国のデータを用いて説明しています。第六章「農業と人口」では、食料供給と人口増加の関係、密居的村落と疎居的村落の優劣、農村人口の減少が農業進歩の契機になることなど、さまざまな問題を論じています。その多くは現代においても示唆的です。

第七章「農業と風俗人情」は農民の精神的特質を論じた章です。結論的にこの章では農家は勤勉、節約、着実といった個人の徳は高いが、公徳心に欠ける面があるので、教育が必要なことを指摘しています。

第八章「農民と政治思想」は、札幌農学校学芸会機関誌『恵林』にも投稿したことがあり、新渡戸が従来から関心の強かったテーマだと思います。端的に言うと、商工業資本主義の発展に伴って登場した労働者政党（社会党）に対して、農民は政治的にいかなる役割を果たせるかという問題意識です。この章では農民は従属や固守の性質が強く、進取の気性に乏しく、したがって自由主義や社会主義の思想を受け入れ難いため、社会の安定層になっていることを指摘しています。外国人の説を引用し、米作が盛んな国では、水利を国家に依存するため、専制政治を受け入れやすいことを指摘していることも、現代の日本に照らしてみれば興味深いことです。

第九章「農業と地文」は、人文地理学から見て参考になる章ですが、ここでは紹介を省き、最終章一〇章の「農業の貴重なる所以」に入ります。

「農業の貴重なる所以」と河上肇の批判

この最終章は『農業本論』を俎上に上げる研究書のほとんどが注目する章で、河上肇の批判も一〇章に書いてある「農業貴重説」に対してのものです。

この章は以下のような項目になっています。カッコは増訂版で変更されたタイトルです。

○農業を貴重する理由
○人種に随って（由りて）農（業）に軽重を措く
○農事を貴重するは習慣より来ること多し
○農事（農業）を貴重するは時勢の反動として起る（反動なる）事あり
○穀物の尊き論（穀を貴ぶの念）
○農業には自然の作用多き事

○土地報酬逓減法（律）
○農産の物価を説（き）て農の貴重なる所以に及ぶ
○農は廃物を利用する事
○農は商工業の基
○農は国富の基
○農は諸職業（の）中、最大多数の人を要す
○結論

農業を貴重なものと見る思想は、思想史的には農本主義と呼ばれ、それは徳川の幕藩体制を通じて政治の王道でした。しかし明治以降に日本が資本主義的工業化を推し進める中で、商工業本位論なるものが生まれ、農本主義は次第に勢力を失っていきました。明治国家が推進した殖産興業政策や富国強兵政策が、農業サイドにきわめて不利に作用しました。だが、明治初期の財政は地租に依存しており、また兵隊の供給源としても農業・農村は重要でした。そうした中で横井時敬らの農本主義や小農主義がまだ命脈を保っておりました。

新渡戸稲造は留学した米国・ドイツで合理主義の洗礼を受け、農業についても近代化の必要性を認識していたと思います。一八九一（明治二四）年から札幌農学校で農政学を教授することになったわけですが、先述のように農本主義と商工本位主義が交錯する時代にあって、農業の重要性を説得的に

いかにアッピールするか、その考究の成果がこの章（一〇章）ではないかと思います。したがって、以上のような時代背景を無視して、現代的観点から新渡戸「農業貴重説」の当否を行うのは正しくありません。

こうした視点をもって、この章の個々の項目を読んでみると、きわめて常識的なことが書かれていることが分かります。この常識性が河上肇には許せなかったのではないかと想像します。河上は一九〇五（明治三八）年に『日本尊農論』を、その翌年一九〇六（明治三九）年に『日本農政学』を相次いで出版し、新進の農政学者として世に打って出ました。当時の河上はマルクス主義者ではなく、ナショナリスティックな国民経済学者・農政学者でした。河上のこの二つの著書は『明治大正農政経済名著集⑥』に収録され一九七七年に農山漁村文化協会からも刊行されています。以下の引用もここから行います。

河上は『日本尊農論』の「緒言」において新渡戸の「農業貴重説」について、こう書いています。「人類よりして之を見る、農業の必要なるは、自明の理にして、特に学者の論説を待たず。其の食物の材料は勿論、百貨の原料は、主として之を農業に仰ぐを以て知るに足るべし。然るに世上往々この自明の理を取り来って、農業の尊ぶべきを説くもの多し。新渡戸博士の『農業本論』の如きは、其の最も著しきものに属す。」（四五頁）

また『日本農政学』でも再度、新渡戸説を批判します。

「何が故に農は国富の基なるか、（新渡戸博士の説は）殆ど了解するに苦むと雖も、其の大体の要趣は「農産物は日用の食料なるが故に貴重なり」と云ふに過ぎざるが如し。即ちこれ亦た「人食にあらざれば生ぜず故に農は政の本なり」と云へる鎖国時代の亜流に外ならざるものなり。（中略）乍併《しかしながら》今日の如き交通頻繁なる時代に於ては、農産物は交換貿易の途によりて之を他国より輸入することを得るが故に、たとひ農そのものは世界全体より観察する時は頗《すこぶ》る貴重なりとするも、之が自国内に保存するの必要ある所以を知るに由なし。博士の説明たる只単に農そのものが人類にとりて貴重也と云ふを示すに止り、農業の保全が一国にとりて必要なる所以、農業は必ず我が国内に於て営まざるべからざる所以を説明するに足らざるなり。」（二四六頁）

新渡戸は「農業は食料（および百貨の原料）を供給するから貴重だ」という、きわめて常識的なことを言っているに過ぎない、食料は外国貿易でも入手可能ではないか、新渡戸は万国共通なことを述べているだけで、なぜ国内で農業を保全する必要があるかについて明らかにしていない、と河上は厳しく批判します。

実はこの批判は正鵠を射ていません。新渡戸は農業が貴重なのは、食料や工業原料を供給するだけではなく、さまざまな機能を果たし、それぞれが貴重であると述べているからです。その点は、先に示した『農業本論』第一〇章の項目を一見するだけでも明らかです。

なお河上は『日本農政学』において、新渡戸の「農業貴重説」の論拠である農民多数説、穀物の粒粒辛苦説、農業＝廃物利用説、農産物価格の物価変動抑制説、土地報酬逓減・農産物価格騰貴説、農業の自然力影響説を順次取り上げ、逐一批判していきます（二四八～二五五頁）。それらの批判の詳細をここで紹介するのは時間の関係で避けますが、新渡戸の説が常識的なものであったこともあって、河上の批判も世人を納得させる常識的なものです。だが、批判の言葉は激しいものがあります。

農工商鼎立論《ていりつ》とフリードリッヒ・リストの影響

『農業本論』初版の最終章「農業の貴重なる所以」の「結論」の中に、次のような言葉があります。

「農若し有らずむは製造業を如何せむ、農若し有らすむば商業を如何せむ、農あるか故に商も亦其財利を通するを得て天下の貨を聚《あつ》め、農あるか故に工も亦其巧利を作すを得て天下の民を致す、譬《たと》へば鼎《かなえ》の三足の如し、若し其一足を折らば鼎は公餗《こうそく》を顚《くつがえ》すべし、譬へは三矢柱の如し、相因《よ》て以て棟梁を支ふ、唯た農は其最も太き一矢柱たるのみ、是故にリスト氏は三産業の権衡を説て且つ曰く、農の隆盛なるの原因を叩かば其最有力なるものは製造業なりと。」（四九〇頁、農文協版、以下同じ）

この一文は「農工商鼎立論」と呼ばれ、『農業本論』を論ずる人のほとんどが、積極的に評価する立場で取り上げています。

鼎《かなえ》とは古来、食物を煮る金属製の容器であり、三本の足で支えられています。また公餗《こうそく》とは、供え物のことで、しばしば鼎の中に入れて捧げられます。三矢柱とは、私の想像では日本家屋で棟と梁を支える柱で、棟から屋根に沿って二本、下に向って一本建てられているものだと思います。鼎の三本の足も三矢柱も、その一本でも欠ければ機能しません。農・工・商も、その三つの産業が連携して経済社会を支えている、農工商鼎立論とはこういうものです。経済社会に必要な産業を国内で形成しバランスをとって発展させるという意味では、「自立的国民経済論」と言い換えてもよいのではと思います。こうした経済論は、学説史的にはドイツのフリードリッヒ・リストの『政治経済学の国民的体系』（ドイツ語版は一八四一年刊行）に始まり、イギリスに遅れて資本主義を導入した後進資本主義国の多くで参考にされています。

引用した新渡戸の「農工商鼎立論」でも「リスト氏は三産業の権衡を説て」と書いています。さらに『農業本論』の各所でリストの名前が出てきます。例えばこうです。

「然るに世の進化は工商の発達を促し、リスト氏をして『最上進の社会は農工商併進の国なり』と説かしむるに至れり。国の経済愈進まば、商工を営む者益多数を占むるを以て風俗習慣、道徳の標準は農より工商に移り、（以下略）」（三三八頁）

「一国の経済的発達は農の重要程度を軽減すとは、夙《つと》に世人の唱道する所にして、リスト氏所謂社会発達の順序とは、最初は農業の社会、稍《やや》進みては農工業の社会、更に進みて終に農工商業の社会となること、何れの民族をも通じて、経歴する所なりと云ふにあり。今其義を要約するに、初め農は国富の基なりと雖《いえども》、時勢の進歩は他の生産業を高めて、多少貴農の情を軽からしめたるを謂《い》へるなり。」（四七五頁）。

以上で紹介した文面に関係のある、リスト自体の言説の一部を紹介すると、次のごとくです。

「国民経済の発達に関しては次の如き諸国民の主要発展段階が考えられる。未開状態・牧畜状態・農業状態・農工業状態および農工商業状態、これである。」

「国民的規模における分業および生産力の結合が行われるのは、その国民における精神的生産と物質的生産とが正しく釣り合っている場合、またその国民の農業・工業および商業が均等的かつ調和的に発展している場合である。」

「農業力と工業力とが同一国民の中にあって同一の政治的権力の下に統一されているならば、それは永久平和を楽しみ、戦争および外国の貿易政策によって農工相互作用を妨害されることもなく、したがって国民に向って幸福と文明と国力との不断の進歩を保証する。」（以上は、フリードリッヒ・リスト『政治経済学の国民的体系』正木一夫訳、勁草書房、上巻五八頁、六〇〜六一頁）。

農工商鼎立論と新渡戸・河上

先ほど私は、河上肇が新渡戸の「農業貴重説」を厳しく批判したことを紹介しましたが、実は新渡戸の説を全否定したわけではなく、貴重説の枢軸である「農工商鼎立論」については完全に同調しているのです。例えば『日本尊農論』では、こう述べています。

「農工商は鼎の足也、鼎の足にして相等しければ則ち安く、其一を助長して他を顧みざれば則ち転覆す。人もし国家をして健全なる進歩を遂げしめんと欲せば宜しく此の三者の併進に注目すべし」（一三六頁）。

また『日本農政学』では、リストに触れながら、こう述べます。

「思ふに農工商の三者は鼎の足なり、其の一を欠如せば国家必ず転覆す。故に吾人は、かの極端なる貴農主義に雷同し、農業の為めには商工業の利益を犠牲として可なりと云ふの論に賛成するものに非ず。然れども之と同時に、かの極端なる賤農主義者に雷同し、商工業の発達の為めには農業の利益を顧みずして可なりと云ふ説にも賛成せず。余輩は、凡《すべ》ての方面より観察して、三者の利益を調和せしむるを必要とし、以て其の併進鼎立を計るを理想とするものなり。嘗《かつ》てドイツのリストが『余輩は商工業の利益を犠牲として農業を保護せんとするに非ず、只だ農業をして商工業と同一の地位を保たしめんと欲するのみ』と云ひたるは、恂《まこと》に余輩の意に協《かな》へり」（一七三頁）。

もはやコメントする必要はありません。新渡戸と河上は農工商鼎立論で、またリストの評価で完全に一致しているのです。もっとも農工商鼎立論やリストへの言及は、新渡戸『農業本論』の初版（一八九八年）でなされ、河上はこれを読み『日本尊農論』（一九〇五年）や『日本農政学』

（一九〇六年）を書いているわけですから、正確には河上が新渡戸説を継承したということができます。

さて私は、これまで初版に基づいて新渡戸『農業本論』のコメントをしてきました。ところが先に述べましたように、初版発行から一〇年後の一九〇八（明治四一）年に出版された『増訂農業本論』（以下、増訂版という）では前述のように二二〇頁余の加筆がなされています。二冊を通読するかぎりでは、初版の論述部分はそのまま増訂版に生かされています。先ほど引用した農工商鼎立論も増訂版に再掲されています。だが、増訂版では看過できない重要な論述がなされているのです。ここでは、一〇章「農業の貴重なる所以」の中から二箇所だけ指摘しておきます。

「国内市場としての農業の地位」への言及

増訂版一〇章の「農は国富の基」の項では、次のような重要な指摘がなされています。

「農民は全国民の大部分を占むるが故に、生産者として尊きのみならず、他業の産物の消費者として、最も好良なる華客なり。何れの国に於ても、最良の購買者は内国人なり。而して内国人の内、上中流の需用するは、其数多からざるが故に価格貴く、又機械的に多数を製産する事難し。故に農作凶荒にして、農民貧ならば、即ち商工共に苦しみて、甚だしきは遂に恐惶《きょうこう》を来さん。抑《そもそ》も諸国に於て商

業恐惶の後、回復に至るの途は、農作の豊饒《ほうじょう》即ち農民の購買力豊なるに因る事多きは、即ち此故なり。」（四七九頁）

これは農民の「消費者＝購買者」としての役割を経済的に評価するものです。同じ一〇章の「農は商工業の基」の項では、食料と工業への原料供給者としての重要な役割について指摘していますので、これらを踏まえれば「再生産構造の中での農業の役割」、市場的にみれば「国内市場としての農業の地位」について、新渡戸は経済学的に正しい指摘を行っていることになります。

「国内市場としての農業の地位」に関して言えば、明治の末期では就業者の中での農民の割合は五〇％をはるかに超えていたので、農民が所得的に豊かでなければ自立的な国民経済が形成できないという、当時の状況を反映したものと言えます。ちなみに新渡戸が増訂版をまとめる直近（明治三八年）の産業別就業人口割合では、農林業は六〇％であり、工鉱業一七％、商業一〇％と比べ、突出していました（高橋亀吉『日本近代経済発達史』第二巻、東洋経済新報社、二〇一一年復刊）。

しかし、明治維新を契機に出発した日本資本主義は、明治末期には高額小作料・低賃金を基底に資本蓄積を行い、その結果としての国内市場の狭隘を、海外市場に対する帝国主義的進出に求めていましたので、新渡戸の主張はあまり現実性がないものでした。そうは言っても「国内市場としての農業の地位」に言及したことは達見であり、新渡戸はおそらく認識していないでしょうが、明治政府の大国主義路線に対する対抗軸になるものと言えます。

参考までに、『増訂農業本論』の出版前である一九〇五（明治三八）年に『日本尊農論』を著していた河上肇は、再生産構造における農業の役割について、次のように書いています。

「農業は所謂原始産物を生産するを以て本分となすものなり。しかるに原始産物なるものは一面に於て国民の食料となり、一面に於ては工業の原料となる、故に国内に於て低廉なる農産物の産出せらるることは、一方に於て国民の生活を安易にし其の購買力を増加し、又労働者の労銀を低廉ならしめ（もし労銀下落せざれば其の生活を安易ならしめ従って労働の効果を増加せしめ）、他方に於ては工業に要する原料の価格をして廉価ならしむるの影響あり、而して国民購買力の増加は工業品需要の増加となり、賃金及び原料品価格の低廉は工業の生産費を減少せしむ。是が故に一国の農業盛にして廉価なる原始産物が多量に生産せらるゝの一事は、工業者の為め最も悦ぶべき現象に非ずや。実に農業は工業の一大後援にして商業は其の一大前軍たり。（中略）この三者は併行すべきものにして、矛盾すべきものに非らず、調和すべきものにして、争闘すべきものに非らざるなり。」（六一～六二頁）

ここで河上が指摘している「国民購買力」の「国民」とは、工商業就業者だけでなく、農林業就業者が過半を占めていた事実と照らし合わせると、国内市場に対する河上の重視は、新渡戸のそれにきわめて近いと言えます。注視すべきことは、「国民購買力の増加」のためには、農業生産性の増大が不可欠であることを指摘していることです。その点でも、新渡戸の農業合理化の主張と重なります。

農業貴重説の「結論」は増訂版で重要な追加がなされる

話を戻して、『増訂農業本論』一〇章のもう一つの重要な追加部分に入ります。

初版では先述のように、農工商を「鼎の三本の足」や「三矢柱」に譬えて、そのバランスある発展を主張しましたが、増訂版ではそのすぐ後に次のような文章が追加されています。

「此三者は、実に国家長久の鼎の三足たること愈々確なりといふべし。三浦梅園（引用者注：江戸中期の思想家）の言にも『士農工商は、一つを欠きても、天下の用をなし難し、是を以て人たる者、士農工商の事業に本《もとづ》き各職分を務めて怠らざるを、敬して天に事ふるとするなり』とあり。（中略）今や我国は将に農本国を脱却し、商工を以て経済の国是となすの機運に近づかんとし、余も亦此現象を歓迎するの意あるは、本書を読過せし諸子の夙に知悉せる所なるべし。是れ一見商工を重んじ農を軽んずるが如くにして、農学者として其本分を尽くさざる所有るが如しと雖、而も余は自ら之を以て農に不忠なるものと信ずる能はず、唯是れ農業よりも国家全体の経済発展の要あるを知り、農民よりも全国民の尊きを思ひ、農事よりも国事の重きを感ずるがために外ならず。」（四九一頁）

この追加部分の後半は札幌農学校教授として農学を研究・教授していた新渡戸の私的感情が吐露されており、私は親近感を覚えます。同時に北辺の教育者から第一高等学校校長・東京帝国大学教授に駆け上がった新渡戸の、祖国日本に対する思いが伝わってきます。この時点（明治末期）では、新渡戸は国の経済が農本国から商工を国是とする国に移行しつつある事を率直に認め、農業よりも国家全体の経済発展が重要であること、農事よりも国事が大事であることを、『農業本論』の「結論」で宣言しているのです。

増訂版では上述の文章の後、さらに次のような一文が追加されています。

「余輩は固より或る意味における帝国主義、即ち暴力を逞しうして、弱肉強食の醜を演ずるが如き残忍酷烈なる主義は、決して之を望むものにあらずと雖も、苟くも国力の伸長にして、経済発達の結果として起る以上は、その膨張咎《とが》むべき所毫も無きのみならず、却りて人類進歩の一端として、寧ろ嘉《よみ》すべきものあるを見るなり。而して此意味に於ける帝国主義の実行は、農本国に於ては決して望むべからざる所にして、主として商工の力を籍《か》らざるべからず。然らば則ち、商工の必須欠くべからざるは、多言を要せずして自ら明らかなる可し。」（四九一〜四九二頁）

平和主義をモットーとするキリスト教クウェーカー派の信徒である新渡戸は、暴力的で弱肉強食、残忍酷烈な帝国主義は認めません。だが、国力が伸長し、経済発展の結果として起る帝国主義は「嘉すべきもの」と歓迎しているのです。そして、この意味に於ける帝国主義（新渡戸の含意からすると海外進出）においては、農業ではなく商工業の力を必要としていると、自説を敷衍します。

だが、このように商工の力を認めたとしても、新渡戸はいわゆる商工本位主義者や帝国主義者にクギを刺すことを忘れません。こうです。

「斯く論じ来らば、余輩は専ら商工にのみ重きを措きて農を軽んずるが如しと雖も、余も亦た茲に帝国主義者、又は工本竝に商本主義者に対して、呈したきの言なき能はず。農の必要なること即ち是れなり。蓋し、内に農の力を籍らずして、外に商工によりてのみ雄飛せんとするは、恰も鳥が樹木、岩石等の間に一定の巣を構ふることなくして、渺茫《びょうぼう》たる海洋をば唯其両翼によりて飛翔《ひしょう》するが如きのみ。時に其勢力を扶植すること或はこれ有らん。然れども国として永続したることは、古来未だ其の例を見ず。」（四九二頁）

そして、次のような一文をもって『増訂農業本論』を結びます。

「農は万年を寿《ことほ》く亀の如く、商工は千歳を祝ふ鶴に類す。即ち一は一定地にありて、堅く且つ永く守り、一は広く且つ高く翔って、其勢力を示すものなり。故に此両者は相俟って、始めて完全なる経済の発展を見るべく、而して後、理想的国家の隆盛を来すべきなり。

春田うつ夏の苗とる朝より
秋の夕をまもる田の神　　　神舞歌

」（四九二頁）

農業・農民を社会的安定基盤と位置づける

美文調の上述のむすびには、思わず引き込まれてしまいます。神舞歌にあるように、農を守る「田の神」への感謝と崇敬の念が自然と湧いてきます。しかし冷静にこれを読むと、要するに商工業は「鳥」として海外に飛翔する、農業は「鳥」が帰ってくる「巣」である、「鶴＝商工」は千年にわたって広く高く飛ぶが、「亀＝農」は万年にわたって国を守る。「農」と「商工」にはこうした役割分担がある、というものです。この役割分担は、一方は経済発展に関わるものであり、他方は社会的安定（国柄、当時としては国体の維持）に関わるものです。

社会的安定には第一に食料の国内供給が必要である。それに加え人口と生存環境の維持、軍隊を擁する国家にあっては兵隊の不断の供給が必要である。さらに国民の政治意識が保守的・愛国的であり、いわゆる過激な政治思想を排除する空気があれば、国家は安定する。……新渡戸は、こうした社会的安定基盤として農業・農民を位置づける必要性を、商工本位主義者に対して語りかける。新渡戸のむすびの言葉は、具体的にはこう受け取るべきでしょう。

事実、『農業本論』（初版・増訂版とも）では、第五章「農業と国民の衛生」において「都鄙に於ける女子の生殖力」（農村の出生率が高い）、「田舎は強兵供給の泉源」を論じ、第八章「農民と政治思想」では、「従属の念、忍耐力が強い」「保守的で因習を尊ぶ」「愛国的である」「政府に反抗すること少なし」などの理由を挙げ、社会的安定層として新渡戸は農民を評価しているのです。

ちなみに河上肇も『日本尊農論』『日本農政学』の両著において、新渡戸とほぼ同様の見地から農業保全論を展開しています。例えば『日本農政学』においては、「軍事上の理由」として、戦争の際の食料確保、商工業に比べ戦争の打撃が少ない、強兵の源泉になる、「衛生上の理由」として、農業は人口増加の源泉、工業労働者の供給源、「風俗上の理由」として、農民は奢侈心少なく質素なこと、篤実の風に富む、愛国心が高い、保守的で温順など、経済外的理由から農業保全の必要を論じています（二六七〜二七三頁）。

増訂版の出版された一九〇八（明治四一）年の直前は、日露戦争（一九〇四〜一九〇五年）の勝利（南樺太割譲、遼東半島先端部租借）、朝鮮半島を日本の統監の管理下におく「第三次日韓協約」調印（一九〇七年）など、日本の帝国主義化が本格化し、海外進出が「成功」した時代でありました。新渡戸もナショナリストとして、これらの対外膨張を肯定的に見ていたようです。それが『増訂農業本論』のむすびの言葉にあらわれたと、私は推察しています。

ちなみに河上肇も一九一一（明治四四）年刊行の『時勢之変』（『河上肇全集』第五巻収録）の中で、わが国が世界各地で米作を奨励することに期待を示し、「嘗て鎖国的農業論者たりし著者は、かくて帝国主義的農業論者と為りたるもの也」（一七三頁）とも述べています。

こうした新渡戸や河上の国家主義的な主張は、当時の知識人やジャーナリズムに通底したものでした。しかし日露戦争の開戦をめぐっては、幸徳秋水や内村鑑三らが非戦論を展開していました。その内村は、「新渡戸を、博識であり、細目については多くの妥当な判断をくだすが、全体としてのまとまりはなく、結論に個性がない」と評しておりました。この内村の新渡戸評価を私が知ったのは、鶴見俊輔「日本の折衷主義――新渡戸稲造論」という論文においてです（『近代日本思想史講座』三、筑摩書房、一九六〇年、二一九頁）。

鶴見は新渡戸の生涯の業績を「折衷主義」と断じているわけですが、私も同様な印象を持ちます。『農業本論』においても、古今東西、諸家の言説の折衷をしているわけで、いわば「よいところどり」です。

しかし「折衷」「よいところどり」が悪いわけではありません。新渡戸は『農業本論』の「第三章農業における学理の応用」の中で、「学問の要は概括にある」と書いています。

新渡戸はけっして反体制の知識人ではありません。大日本帝国憲法の体制下で、いかにして日本をより良い方向に持っていけるか、そのことを常に考え、行動してきた現実主義的な知識人です。『農業本論』を読む場合にも、そうした視点を忘れてはならないでしょう。

新渡戸・河上の「農工商鼎立論」と大塚史学

新渡戸・河上の「社会的安定基盤としての農業保全論」は、横井時敬らの農本主義と相通じるものがあります。しかし農本主義と明確に違うのは、新渡戸・河上の農業保全論は先に紹介した農工商鼎立論という経済的視点からのそれが土台をなしていたことです。

新渡戸・河上の農工商鼎立論は、明治二〇～三〇年代の殖産興業政策、経済思想的には田口卯吉らの自由貿易・国際分業論に基づく工商本位主義の横行に対する対抗軸とみることができます。

この二つの主張（農商工鼎立論と自由貿易論に立脚した工商本位主義）を経済思想史的に位置づける際に参考になるのは、比較経済史学（大塚史学）の「貿易国家の二つの型」論です。大塚久雄は一八世紀中葉のヨーロッパをモデルに、当時の二大貿易国家（イギリス、オランダ）について、前者を「内部成長型」国民経済モデル、後者を「中継貿易型」（国民経済の壊滅）モデルとしました。大塚の著書から引用します。

「イギリスのばあいは、農業の繁栄を出発点とし、次々に現れてくるさまざまな工業が（そして商業が）自然な形に組合わされ、互いに広く深い国内市場をつくりだしながら、内に充実しつつ成長するという産業構造である。そしてその貿易はそこから生ずる国民的余剰（とくに国民的産業の生産物たる毛織物）の輸出に土台をおいている。これに対比して、オランダのばあいは、貿易は「ただ買っては売り、取り寄せては送り出す」という中継取引だけで、国民の生活や生産活動とは、基本的には無関係におこなわれている、そうした産業構造である。」（大塚久雄著作集第六巻『国民経済』二三頁）

大塚史学では、「内部成長型」の市場の発展は、局地的市場圏→地方市場圏→統一的国内市場→外国市場への拡大、という順序でなされていきます。まさにイギリスがそうでした。起点にあるのは中農（ヨーマンリー）に代表される独立自営農民の広範な叢生であり、その後は農民層分解→資本主義的農業の形成と工商業への労働力流出→工商業資本主義の形成というプロセスを辿ります。これは「下からの資本主義」への道です。

明治維新以降の日本資本主義は、農民解放（農民への土地所有権の付与）が不徹底であったために、独立農民層が壊滅し、寄生地主制が体制化するとともに、零細小作農の家計補充的労働力供給が、明治期の移植的工業資本が求める低賃金構造の基底となります。そのため地方市場も国内市場も狭隘で、明治政府は資本主義の確立期から国外市場への進出、植民地の獲得を迫られます。これは「上からの資本主義」の必然的帰結です。

日本のばあいには、大塚の言う「内部成長型」国民経済ではありません。しかし、オランダに典型的な「中継貿易型」のそれでもありません。絶対主義的権力をバックとした「上からの資本主義」なのです。

このように明治期の産業構造・市場構造を俯瞰するならば、新渡戸・河上の農工商鼎立論は実現の芽さえ存在しない空論のように見えますが、経済思想史としてはオルタナティブ（別の道）として燦然たる光を放っています。この点に最初に注目したのは、『日本資本主義の思想像』を著した内田義彦であり、大塚史学に属する住谷一彦でありました。しかし彼らが注目したのは新渡戸稲造ではなく、河上肇でした。両者は河上の農政学を「国際分業の批判者リストの日本版」と評価しています。

フリードリッヒ・リスト（一七八九～一八四六）については先述しましたが、ドイツの「歴史派経済学の先駆者」（小林昇）であり、アダム・スミスらイギリス古典学派に対抗して、後進国ドイツの国民経済形成のためには、工業の保護関税と中農養成が必要と説いています。リストのめざしたものは「農工商の調和と均衡」による「国民的生産力」の形成であり、これを市場論的にみれば「農工商の国民的分業による国内市場形成」となります。もちろん海外市場の重要性は認めますが、それは国民的生産力と国内市場の形成の延長線上のものです。

大塚史学ではこのリストの理論が通奏低音となっています。このことを大塚久雄は、著作集第六巻『国民経済』の後記で、「『国民経済』を形づくるいわば生産諸関係の構造、つまり（中略）『経済構造』をその底において支えている生産諸力の構造」については、「フリードリッヒ・リストの著作から学んだ。」と述べています。

話が戻りますが、内田と住谷はリストのこうした理論を河上の農政学に見出し、評価するわけですが、その内実である農工商鼎立論は河上の前に、新渡戸が『農業本論』初版の中で、リストを再三にわたって引用しつつ展開していたのです。内田と住谷の論稿では、この点の指摘がない（内田）し、不十分（住谷）です。

住谷のばあい、「形成期日本ブルジョアジーの思想像」という論稿（『近代日本経済思想史』Ⅰ、有斐閣、一九六九年）の中で河上の農工商鼎立論に触れていますが、新渡戸への論及はありません。しかし約四〇年後の論稿「新渡戸稲造と河上肇——日本農政学の系譜」（『環』vol. 4, 藤原書店、二〇一〇年）では、新渡戸↓河上という流れを示唆していますが、本格的には論じられていません。住谷が読んだ『農業本論』は多分、増訂版だと想像できますが、それだと不十分な分析しかできません。新渡戸と河上の関係は、『農業本論』初版↓河上農政学↓『増訂農業本論』の流れの中において、初めて明らかにできるからです。

『農業本論』で地方《ヂカタ》学の必要を提起

さて、これまで『農業本論』の中の農業貴重説、とくに農工商鼎立論についてかなりの時間を割いてコメントしてきましたが、『農業本論』の中にはさらに、歴史科学の研究方法において重視すべき視座を見出すことができます。それは新渡戸が、「地方学《ヂカタ》」研究の必要性を提起したことです。

農政学者の東畑精一は『農業本論』を読んでもっとも印象深かったのは「地方学」（Ruriology）という言葉である、と書いています（「新渡戸博士とRuriology」、新渡戸稲造全集『月報』四）。

ここで東畑が指摘したRuriologyという言葉は英語の辞書にはなく、新渡戸の造語ですが、『農業本論』では第六章「農業と人口」の中に出てきます。

「只惜むべくは、未だ是に閭閻の討尋、即ち余の所謂『地方学』（Ruriology, Ruris田舎、Logos学問）の知識が蠡海《りかい》の浅を免かれざることにて、従って此問題に関する撰著如きも猶ほ甚だ鮮《すくな》し。」（一三五頁）

難解な言葉が続き、私のように戦後教育しか受けていない者にとっては、読むのに苦労しますが、何となく意味は分かります。閭閻《りょえん》とは村里のことであり、討尋《とうじん》とは論議することです。これが「地方《ヂカタ》学」であり、英語的に言うとRuris（田舎）とLogos（学問）が合成されたRuriologyだが、世の中にはこうした学問をする人が少ない、と新渡戸は述べているのです。

「地方学」の重要性については、第二章「農学の範囲」の中で詳しく述べられています。

「農学の範囲日に拡張するに従ひ、尚慊然《けんぜん》たらざるを得ざるは、昔時『デ、レ、ルスチカ』即ち本邦の地方《ぢかた》（地形）に関する諸般の事物を一束するの学術なきことなり。抑《そもそ》も農家なるものは、社会より隔離孤立して業を営む等、種々の点に於て、都会の住民に異なるものなり。言語風俗、共に所謂田

舎弁、田舎風と称し、祖先の遺風を保存するものにして、頗る歴史の好材料たり。」（一一一頁）

ここで「デ、レ、ルスチカ」と言っているのは、ラテン語の De re rustica（田舎の事物）のことで、第一章「農の定義」の中では古代ローマ人が都会に対して地方を指す言葉として使っていた、と新渡戸は紹介しています。

第二章に戻りますが、ここでは「農業の社会的原理を研究せむと欲するものは、地方的習慣に就きて重きを措かざるべからず」（一一二頁）、「『地方学』と呼ぶもの、中に、習慣を容れて研究し、習慣の然る所以を洞見し了るの必要あるを信ず」（一一三頁）と、地方的習慣に関する研究の必要について注意を喚起し、続けて次のように書いています。

「地方学を発達せしめて、社会の最微的組織、即ち農村の講究を積むに従ひ、農業改良、信用組合、地方自治体、其他の団体に関することは論を俟たず、政治社会にまで少からさる影響を与えたり。」（一一三頁）

この指摘は、農業経済学や農村社会学が今日行っている研究手法に通ずるものがありますが、同時に政治社会の諸々の事象を、地域の視点でみる重要性を示唆しています。

「地方の研究」は柳田国男に継承される

新渡戸稲造著『随想録』（一九〇七年刊）の一部に「地方の研究」という小文が収録されています（『新渡戸稲造全集』では第五巻に収録）。これは一九〇七（明治四〇）年二月一四日の中央報徳会例会での講演要旨です。同日の講演は若き柳田国男も聞き、新渡戸に感謝の意を伝えたとのことです（『新渡戸稲造事典』四五二頁）。

「地方はヂカタと訓みたい。元は地形とも書いた。然しヂカタは地形のみに限らず、凡て都会に対して、田舎に関係ある、農業なり其の他百般の事に就きて云へるものにて、それを学術的に研究してみたい考へで、謂はば田舎学とも称すべきものである。」（『新渡戸稲造全集』五巻、一七八頁）

「田舎の衰微は、決して農業が衰微するばかりでは無い。第一、人間の品格を高くする事が出来ず、又た自治制の発達も出来ぬ。（中略）彼の生物学者が顕微鏡を以てバクテリアなどを研究するやうに、其の方法を籍りて之を社会学に応用して見たい。米国のアダムスは米国の憲法行政を調ぶる時に、先ず小さな自治団体より調べよ、即ち村なり、郡なりを調べよと言った。（中略）一村一郷の事を細密に学術的に研究して行かば、国家社会の事は自然と分かる道理である。」（同上、一八〇～一八一頁）

『随想録』に掲載されている「地方の研究」は、上述のように抽象化されていますが、講演全文が収録されている中央報徳会機関誌『斯民』（第弐編第弐号、一九〇七年）を見ると、さまざまな実例を挙げながら「ヂカタ学」の面白さと重要性を縦横に語っていることが分かります。のちの民俗学者・柳田国男は、新渡戸の講演を聞き、胸を躍らしていたことが目に浮かびます。

その柳田は新渡戸講演を聞いた前後から自宅で郷土研究会という集まりをもっていましたが、この会合は一九〇九（明治四二）年からは新渡戸の自宅で行なわれるようになりました。そして一九一〇（明治四三）年一二月に、新渡戸を後援者、柳田を幹事役として「郷土会《ごうどかい》」が設立されました。この会合は新渡戸が国際連盟事務次長就任のため離日するまで約一〇年間続き、わが国の民俗学や人文地理学の形成において、たいへん大きな役割を果たしたとされています。

ともあれ日本民俗学の開祖である柳田国男は、「地方学《ヂカタ》」を通して新渡戸稲造と出会い、交流を深めていったわけですが、若き日の柳田は農商務省の役人として、『最新産業組合通解』（一九〇二年）を書き、また農科系大学の講師として『農政学』（一九〇二）をまとめ、後年には『時代ト農政』（一九一〇年）を上梓（いずれも『定本柳田國男集』に収録）して、農政学者としても名を馳せました。河上も『日本農政学』（一九〇六年）の序言で「本書は恩師松崎博士の講義、及柳田学士、ゴルツ、ブッヘンベルゲルの著述に負ふ所多し」と書いています。柳田は河上の四歳上ですが、共に東京帝国大学法科大学卒業で松崎蔵之助教授から農政学を学んでいます。なお、一八六二（文久二）年生まれの新渡戸と柳田の年齢差は一三歳、河上のそれは一七歳です。

若き日の柳田と河上は出身大学では松崎教授から学んでいますが、農政学や地方学《ヂカタ》においては新渡戸の『農業本論』等に大きな影響を受けていることが分かります。先述した住谷一彦は農政理論における河上と柳田の「重なり合い」に注目しています（前掲『近代日本経済史Ⅰ』参照）。その共通項を一言でいえば「農商工鼎立論」と小農問題の解決、ということになり、それ自体たいへん興味深いことです。ここでは深入りしませんが、河上・柳田に触れるならば、両者に対する新渡戸の圧倒的な影響を加味しないと、画竜点睛を欠くと言わざるを得ません。

新渡戸農業論・農政学の評価をめぐって

さて、これまで私は、理論的には「農工商鼎立論」と「地方学《ヂカタ》」に注目して『農業本論』を読み込んできましたが、一般的にはこの著書はどう評価されているのでしょうか。

その代表的評価として、研究者がしばしば引用するのは蓮見音彦の見解です。これは東京女子大学新渡戸稲造研究会『新渡戸稲造研究』（春秋社、一九六九年）に収録されていますが、ここでは同書の中で執筆している伊藤善市「新渡戸博士の経済思想」から引用しておきます。

「蓮見音彦氏は、新渡戸博士の農業研究の特質として次の四点をあげている。第一は、農業をみる場合に、それを近代的・合理的な資本主義的経営をそのあるべき姿としてとらえ、その観点から日本の農業を検討していること、第二は、その反面、いわば地主的立場からの小農保護農政に対しても、正面からそれを否定しようとしない中道的性格がみられること、第三は、日本の農村の実態調査に依拠しつつ、一面で広範な海外の文献を参照しつつ議論がすすめられていること、第四に、そのクエーカー信仰ともかかわるものか、農村の貧困状態について強い関心を示しつつ、ときには農本主義的とさえみられるような形で議論を展開しているが、他面では、工業などの都市産業の振興の必要も主張し、ここでも中道的な性格がみられること、これである。」（同上書、二五五頁）

続けて伊藤は次のように述べます。

「新渡戸博士の学説にみられる中道的性格とは、現実的・実践的性格をもっていた、ということでもある。博士は一方において近代的合理主義の立場に立ち、農・工・商の分業体制の確立が望ましいとしているが、他方では出生率・死亡率の国際比較から人口学的に農村の優位を認め、農は国富の基、田舎は強兵供給の源泉などと指摘し、心情的農本主義の思想から脱却してはいない。」（同上、二五五頁）

伊藤のこの一文は、先に紹介した鶴見俊輔「日本の折衷主義――新渡戸稲造論」のそれと重なり合うものがあり、指摘のかぎりでは私も同感します。

他方で最近、『農業本論』を人格論の視点から評価する著書も出版されました。谷口稔『新渡戸稲造　人格論と社会観』（鳥影社、二〇一九年）がそれで、同氏は『農業本論』を「『武士道』『修養』へと続く一連の人間形成論の端緒であった」とし、「あるべき農民の姿、これを『農民道』と呼ぶことが許されるのであれば、それは『農業本論』の中に確かに示されていると思われる」とまで書いています。

著者の谷口氏は教育者であり、いっしょに『農業本論』を読んだ仲間なので、同氏の問題意識はよく分かります。しかし同氏のように『農業本論』を農民倫理の視点のみから評価するのは、やはり一面的だと思います。新渡戸は農学者・農業経済学者として、農政学体系化の端緒として『農業本論』をまとめたことは、否定しようがない事実だからです。

先にも紹介しましたが、新渡戸は『農業本論』初版の「凡例」で、この本は「農政前提」であり、『農政』の序論なのであると書いています。だが、この方面での新渡戸の研究は一九〇八（明治四一）年の『増訂農業本論』の出版で終わります。「農政学」の体系化は〝見果てぬ夢〟に終わりました。新渡戸の問題関心が、人格や平和の問題に移っていったからです。

このような事情からか、「日本農政学史」の中で、新渡戸を取り上げるのは、原洋之介、並松信久ら一部に留まり、このジャンルの代表作である傳田功『近代日本農政思想の研究』（一九六九年）や、村上保男『日本農政学の系譜』（一九七二年）では新渡戸『農業本論』を俎上に上げていません。

しかし、新渡戸は「農政学」と銘打つ書物は著していないとしても、「国家全体の経済発展」や「全国民」のために、農業・農民の重要性をその深奥から研究した学者として、経済思想史や日本農政学史に名を残し、時空を超えて桜花のような香りを放っていることに気付いてほしいと思います。

高岡熊雄の「農政学」と農工商併進論

最後に新渡戸の農政思想と研究方法が、札幌農学校と北海道大学にどのように継承されていったのか、について触れたいと思います。

一八九七（明治三〇）年一〇月に転地療養のため札幌を離れた新渡戸は、翌一八九八年三月に正式に農学校教授を辞任します。まだ三六歳でした。衣鉢を継いだのは農業経済学演習の一期生で新渡戸の薫陶を受けた高岡熊雄でした。高岡は一九〇一（明治三四）年にフォン・デル・ゴルツ著『農政学』の翻訳・刊行を行ったのち、新渡戸の紹介でドイツへ留学、以後三年間、ボン大学、ベルリン大学でゴルツ、ワグネル、シュモラー、ゼーリング各教授から経済学・農政学等を学びました。いずれの師も後期歴史学派の重鎮です。高岡はゼーリングの指導の下「普魯西王国に於ける国家的内国植民制度」と題する論文を公表します。また、一九〇四（明治三七）年には、シュモラー／ゼーリング編纂「国家学社会科学研究叢書」第二三編第三巻として *Die innere Kolonisation Japan*（日本内国植民論）を公刊します。

こうした業績を残してドイツから帰国した高岡は、一九〇五（明治三八）年から札幌農学校の農政学・殖民学講座を担当するようになります。しかし研究面でみるかぎり、高岡の関心は殖民学にあったようで、そのことは彼の研究業績からも推察されます。農政学については、『北海道農論』（裳華房、一八九九年）における農民の階層分析など貴重な仕事も残していますが、国家の政策としての農業政策に関しては、目につくような業績は残していません。こうした状況の中で、農政学ではほとんど唯一の著書として書かれたのが『農業政策』（宝文館、一九一二年）です。しかし、これは『経済全書』（総頁数五六〇頁）の一部として「林業」「狩猟」（いずれも川瀬善太郎執筆）と合本されており、高岡の執筆部分はわずか一一七頁に過ぎません。

高岡『農業政策』の簡単な紹介を行うと、第一章「農業と国家との関係を論ず」では、ゴルツ『農政学』の第一章「国家及び社会に対する農業の必要を論ず」の内容をかなり取り込んでいます。同時に新渡戸・河上の「農商工鼎立論」に近い説も披露し、次のように書いています。

「一国に於て商工業の益発展し行くは自然の成行きにして又必要なる行路なり故に現今の時代にては商工業国本論の非理なる如く農業国本論も亦主張する能はず何れの産業も共に共に相併立し相助け相補ひ以て進歩発展せしめざるべからざる」（四二頁）。

ここには国内市場としての「農業必要論」はみられませんが、リストを淵源とし、明治末期に新渡戸・河上によって主張された農商工鼎立論は、新渡戸直系の弟子である高岡によって、かろうじて命脈をつないだと言えます。

しかしながら、こうした流れはその後の国策的農業論の強まりによって遮断され、戦後民主主義の開花を俟たなければならなかったのです。

高岡熊雄と北大農経の歴史学派的学風

ところで、高岡の卒業論文は「新殖民地発達の順序」（奈井江殖民地調査）であり、そこには村の祭典の際の提灯の数から住民の階層状況を推察するなど、新渡戸「地方学《ヂカタ》」研究の方法がとられています。この卒論を例に高岡は、「こういう研究方法は、丁度近代の自然科学が顕微鏡を使用して、著しく発展しつつあるものと比較すべきものと考え、私はこれを人文科学に関する顕微鏡的研究方法 microscopic research method ととなえ、これに対して、当時広く用いられつつありました全般にわたっての研究方法を望遠鏡的研究方法 telescopic research method と唱えたのであります。」（高岡熊雄回想録『時計台の鐘』三六頁）。後者の研究方法は、フリードリッヒ・リストに始まりマックス・ヴェーバーに終わるドイツ歴史学派の、国民経済的・社会政策的課題に対する研究方法といえます。高岡の生涯の研究業績は、殖民地調査、人口・産業調査、農民層の階層分布調査など「顕微鏡的」な実証分析が多く、「望遠鏡的」な国民経済論はあまり見ることができません。

しかし、ドイツ歴史学派の、実態調査や統計処理をふまえ実証的かつ帰納的に分析する学風は、戦後の北大農業経済学科の研究に引き継がれています。今後は、グローバル論や海外研究に片寄ることなく、日本という国の「農業を含む国民経済的・社会政策的な課題」に対して、「望遠鏡的研究方法」を加味していかにアプローチしていくか、それが人口減少という有史以来の転換期に立っている、わが国研究者の喫緊の課題であることを自覚してほしいと思います。

主要参考文献

・新渡戸稲造『農業本論』明治大正農政経済名著集⑦、一九七六年（崎浦誠治解題）
・新渡戸稲造「随想録」（新渡戸稲造全集第五巻、教文館、一九七〇年）
・河上肇『日本尊農論・日本農政学』明治大正農政経済名著集⑥、一九七七年（石渡貞雄解題）
・原洋之介『「農」をどう捉えるか』書籍工房早山、二〇〇六年
・谷口稔『新渡戸稲造　人格論と社会観』鳥影社、二〇一九年（「第二章　産業の基盤となる農業思想の展開――人間形成論の端緒としての『農業本論』」）
・並松信久『近代日本の農業政策論』昭和堂、二〇一二年
・フリードリッヒ・リスト『政治経済学の国民的体系』正木一夫訳、勁草書房、上巻、一九六五年
・『小林昇著作集』Ⅴ、Ⅶ、未来社、一九七九年（一連のリスト関係論文）
・伊藤善市「新渡戸博士の経済思想」、蓮見音彦「新渡戸博士の農業論」（東京女子大学新渡戸稲造研究会『新渡戸稲造研究』春秋社、一九六九年）
・内田義彦「日本資本主義の思想像」（『内田義彦著作集』第五巻、岩波書店、一九八八年）
・『大塚久雄著作集』第六巻「国民経済」、岩波書店、一九六九年

・住谷一彦「形成期日本ブルジョアジーの思想像」(『近代日本経済思想史』I、有斐閣、一九六九年)
・住谷一彦「新渡戸稲造と河上肇——日本農政学の系譜」(『環』vol. 4. 藤原書店、二〇一〇年)
・鶴見俊輔「日本の折衷主義——新渡戸稲造論」(『近代日本思想史講座』三、筑摩書房、一九六〇年)
・佐藤全弘『新渡戸稲造の信仰と理想』教文館、一九八五年(「「農業本論」に学ぶ」)
・佐藤全弘「地方の時代と新渡戸稲造」(佐藤『新渡戸稲造の世界』教文館、一九九八年)
・佐藤全弘・藤井茂『新渡戸稲造事典』教文館、二〇一三年
・高岡熊雄回想録編集委員会編集『時計台の鐘』楡書房、一九五六年
・高岡熊雄『農業政策(経済全書第三編)』宝文館、一九一二年
・太田原高昭『北海道農業の思想像』北海道大学図書刊行会、一九九二年(「農業経済学の形成——高岡熊雄と川村琢」)
・崎浦誠治「北海道農政と北大」、湯沢誠「北海道の小作問題と北大」(『北大百年史 通説』ぎょうせい、一九八二年)
・千葉僚郎「北海道農業論の形成と課題」、大沼盛男「北海道農業論の展開と課題」(湯沢誠編『北海道農業論』日本経済評論社、一九八四年)
・山下紘一郎「明治末期農政思想の一断面——新渡戸稲造・河上肇・柳田国男」(『河上肇全集月報』七、一九八二年)
・岩片磯雄「『農業本論』の世界」(明治大正農政経済名著集「月報」第七巻、一九七六年)
・東畑精一「新渡戸博士と Ruriology」(新渡戸稲造全集「月報」四)
・岩本由輝「日本における農商工鼎立併進論の系譜——横井時敬・新渡戸稲造・松崎蔵之助・柳田國男・河上肇」

（『山形大学紀要（社会科学）』第一七巻第二号、一九八七年）
・横井敏郎「高岡熊雄の農政・植民論」（『札幌の歴史』二六号、一九九四年）
・村松玄太「近代日本における地方の思想に関する一考察——新渡戸稲造と柳田國男の地方観を中心に」（『政治学研究論集』第一四号、明治大学、二〇〇一年）
・佐藤奨平・中島正道「新渡戸稲造《農商工鼎立併進論》——『農業本論』から『糖業改良意見書』まで」（『新渡戸稲造の世界』第一九号、財団法人新渡戸基金、二〇一〇年）
・番匠健一「北大植民学における内国植民論と社会政策論——高岡熊雄のドイツ内国植民研究の再検討」（立命館大学先端総合学術研究科紀要『Core Ethics』Vol. 8, 二〇一二年）
・三須田善暢「新渡戸稲造農業論の性格と日本農村社会学への示唆」（『社会学年報』No. 43, 二〇一四年）

【付記】　本稿は、二〇一九年九月二八日に開催された北海道大学農学部農業経済学科設置百周年記念シンポジウムにおける著者の講演内容に加筆したものです。

第4章　新渡戸稲造と遠友夜学校――現代の教育課題とのかかわりで

はじめに

明治二七（一八九四）年に新渡戸稲造夫妻によって創設され、昭和一九（一九四四）年に閉校に追い込まれた札幌遠友夜学校（以下「遠友夜学校」と呼ぶ）については、これまでいくつかの文献によって紹介されている。私は、一九九四年六月二一日に北海道大学学術交流会館で開催された「札幌遠友夜学校創立百年記念講演会」、及び『思い出の遠友夜学校』の出版（北海道新聞社）を柱とした百年記念事業において、石塚喜明・小塩進作・山本玉樹らの大先輩に混じって微力を尽くすことができた。

百年記念事業を行った当時では、まだ一部の遠友夜学校の関係者が健在であったが、それから十数年を経過した現在（二〇一〇年）、彼らのほとんどはいまや幽明界を異にしている。そのため、遠友夜学校の存在は「遠友夜学校記念室」（札幌市）のみに閉じ込められ、いずれ一般市民の記憶から薄れていくに違いない。

しかし、貧民子弟などさまざまな事情から教育機会に恵まれなかった者を対象にした、その意味では北海道最初の社会事業ともいえるこの学校の歴史について、社会教育史といった視点から分析することは必要なことと私には思われるが、この課題はその方面の専門家に委ねるほかない。

私は閉校後半世紀以上を経過した遠友夜学校について、今後とも語り継ぐ必要があると思っているが、それは単なるノスタルジアではなく、わが国の教育の在り方に関し、この学校が多くのことを教えてくれるからである。

そこで本稿では、遠友夜学校の教育目標と教育実践の中身を整理し、そこから現在の教育に活かせるものがないか、考えてみたい。

新渡戸稲造揮毫の二つの扁額

昭和初期から閉校まで遠友夜学校の玄関付近には二つの扁額が掲げられていた。これは昭和六（一九三一）年五月一八日、新渡戸稲造が札幌農学校教授を辞して以降二度目で、また結果的に最後の夜学校訪問を行ったときに自ら揮毫したものである。
“With malice toward none, With charity for all.”

"With malice toward none,
With charity for all."
Inazo Nitobe.

写真1　リンカーンの言葉より（北海道大学大学文書館提供）

学問与里実行
稲造

写真2　「学問より実行」（北海道大学大学文書館提供）

学問与里実行

前者の英文はエイブラハム・リンカーンの大統領就任演説の一部で、日本語では「何人に対しても悪意をいだかず、すべての人に慈愛をもって」と訳されている。

後者は当時の書き方によって右から左に向けて横書きされている。「与里」は「より」の変体がなであり、すなわち「学問より実行」ということである。五月一八日の遠友夜学校訪問で稲造は、在校生・教師その他の出席者に遠友夜学校設立の由来などについて講話しているが、その内容をまとめた記録の見出しも「学問より実行」になっている。

この二つの扁額は夜学校に登校する生

徒・教師は必ず目にし、のちに紹介する有島武郎作詞の校歌とともに、「遠友魂」として胸に刻まれていた。扁額に書かれた二つの言葉は、新渡戸稲造が遠友夜学校に込めた思いの吐露、いわば建学の精神であったと、私は考える。これらの精神によって実践された遠友夜学校の教育の中身はどのようなものであったのだろうか。生徒・教師の証言・記録の中からいくつか再現してみよう。

慈愛を根底にした人間教育

稲造自身が宮部金吾あての書簡に書いているように、遠友夜学校は、家庭が経済的に貧困で義務教育の機会が与えられていなかった子どもたち、あるいは晩学者に無償で教育の場を提供しようとする、一種のヒューマニズム（キリスト者である稲造は、それが「神の栄光を世に輝かしめる一助となる」と述べている）から設立されたといえる。宮部あての書簡によると、「貧しい両親をもった、粗野な子供たちや、労働者の少年など、出面《でめん》の子弟に対する夜学校」の設立が、稲造がめざすものであった。

武士の家庭に生まれ、比較的恵まれた経済環境の中で、東京および札幌への遊学を許された稲造は、若くして聖書に出会った。聖書は、元来、貧しい人たちへの「救いの書」である。そのことは、たとえばイエスの「山上の説教」として有名な、次の言葉からも窺うことができる。

「貧しい人々は、幸いである、神の国はあなたがたのものである。今飢えている人々は、幸いである。あなたがたは満たされる。今泣いている人々は、幸いである、あなたがたは笑うようになる。」

（新約聖書「ルカによる福音書」６章20〜21節）

札幌農学校の学生時代に「イエスを信じる者の契約」に署名し、アメリカ留学中にクウェーカー派のキリスト教徒となった稲造は、「貧しい人々」に対する同情心がとりわけ強かった。メリー夫人の実弟であるジョセフ・エルキントンあての手紙で稲造は、「貧しい子供を教え育てる、このような仕事は恵みある仕事です。学校に行くたびごとに私は人間的な同情と宗教的な慈愛の気持ちに燃えて帰ってきます」と述べている。

しかし、稲造は夜学校に対する、こうした宗教的思いをけっして表面には出さなかった。上述の義弟あての手紙でも、「学校では宗教の話はしない方が無難です」とも書いている。それは「私たちがキリストの教えに従って行動する方が、言葉を用いるよりも、多くの人の心を捉える」からである。事実、遠友夜学校が設立された明治中期には、キリスト教に対する警戒意識（子供たちがキリスト教を教え込まれるのではないかという）は強かったようである。

こうしたキリスト教をめぐる当時の状況の中で、稲造が、夜学校の精神的支柱の一つにしたのが、エイブラハム・リンカーンであった。リンカーンは貧しい家庭に生まれ育ち、苦学して立身出世を遂げ、一八六一年に共和党の初の大統領として当選、第一六代のアメリカ大統領に就任した。その後、奴隷制度廃止を掲げて南北戦争を戦い、建国の理念である平等と人権思想をアメリカ社会に徹底させた。「人民の、人民による、人民のための政治」というゲティスバーグの演説（一八六三年）は、わが国でも広く知られている。

“With malice toward none, With charity for all.”という扁額の言葉は、南北戦争に勝利し、一八六四年に二期目の大統領に就任した時の演説の一部である。岩波文庫版の邦訳（一九五七）から、この一文の後に続く文章を含めて引用すると次のごとくである。

「何人に対しても悪意をいだかず、すべての人に慈愛を持って、神がわれわれに示し給う正義に堅く立ち、われらの着手した事業を完成するために、努力いたそうではありませんか。」

ここには「敵を愛し、自分を迫害する者のために祈りなさい。」（マタイによる福音書5章44節）という徹底した隣人愛、および「父は悪人にも善人にも太陽を昇らせ、正しいものにも正しくない者にも雨を降らせてくださる」（同5章45節）という、神の被造物である人間の平等思想が如実に示されている。幼き日に母親から聖書を教えられ、生涯を忠実な神の僕《しもべ》として歩んだリンカーンは、稲造がこの世においてもっとも尊敬し、その生き方にならった一人であった。稲造がリンカーンを苦学する夜学校の生徒たちの目標に置いた理由は、以上から明らかであろう。

With malice に始まる遠友夜学校の教育目標（校是）は、手の届かない天上にあるのではない。しかし、地上で人間が正義と隣人愛を実践し、誠実に生きるならば、それは天に富を積むことになる。

そうした生き方を教え、まずもって人間形成を図ろうとするのが、遠友夜学校の建学の精神であった。私はこう考えているが、この点を裏打してくれるのは明治四二（一九〇九）年から大正三（一九一四）年まで遠友夜学校の代表を務めた有島武郎（当時は東北帝国大学農科大学予科の英文学の教授）である。

有島の代表時代、教師と生徒による文集づくりが盛んであったが、その一つである『倫古龍会雑誌』（明治四四年四月発行）において、有島自身「成功とは何か」という文を書いている。その中で彼は、「事業の成功」だけを成功とみる世間の風潮を批判し、成功には「人格を作る為め即ち男をみがく事に成功するのと事業を成就する事に成功するのと此二つ」があり、「真の成功とは或る人格をきたえ上げた人が自分に適当な事業をして成功した時に言う言葉である」と述べている。他方で、「他人をふみにじって置いて自分だけが金をためたり名誉を得たりしても夫れは成功ではない」と断じている。

有島は札幌農学校の学生時代には農業経済学を専攻する一方で、新渡戸稲造の影響を受けて遠友夜学校の教師活動に熱心に取り組み、明治三一（一八九八）年には校歌も作詞したと言われている。夜学校では九番まである校歌のうち、通常は一、五、九番が歌われていたようだが、五番の歌詞は次のようになっている。

　正義と善とに身をささげ

写真3　大正11年夏の遠友夜学校裏庭（札幌市公文書館所蔵　宮城孝治氏提供）

欲をば捨てて一すじに
行くべき路を勇ましく
真心のままに進みなば
アー　是れ　是れ　是れ
是れこそ楽しき極みなれ

ここに示した歌詞にとどまらず、校歌は全体として金やモノを追い求める生き方を排し、人間として正しい道を歩むことこそが、充実しかつ楽しい生き方であることを、力強く歌っている。

有島武郎については不倫心中事件もあって評価が分かれるところであるが、俗界に妥協せず、純真な生き方を貫いたという点では、彼の人生観と遠友夜学校の精神は共鳴し合っているのである。

「学問より実行」——実学がつくる自律的人間

昭和六（一九三一）年五月一八日の遠友夜学校訪問時に揮毫したもう一つの扁額（「学問与里実行」）については、一部に「学問より実行する」、すなわち「より」をfrom（から）と解釈する者もいる。しかし私は、「より」を比較の意味で捉え、単純に「学問より実行が大事である」と理解する。それは稲造自身の歩んだ道でもあったからだ。

周知のように、稲造は学者としても優れた仕事をしている。専門である農業経済学分野では『農業本論』や『農業発達史』を執筆し、佐藤昌介と共に日本で最初の農学博士の学位を受けている。また、植民学の草分けとして、のちに矢内原忠雄によって『植民政策講義及論文集』として編纂された業績を世に残している。

斯学におけるこうした先駆的業績はもとより重要である。だが内外における新渡戸稲造の評価は、第一高等学校校長・東京女子大学学長など教育界、さらには国際連盟事務次長など国際政治の舞台において、より高いものがある。また、稲造を世界的に有名にした *Bushido: The Soul of Japan* は、武士道に典型的に見られる日本の伝統的な道義と思考法を世界に伝えようとした、いわば啓蒙の書であった。

その他、『修養』『一日一言』など大衆向けの人生書の上梓や精力的な講演活動などをみれば、稲造の生涯はまさに「学問より実行」(比較の意味)であったのではないか。

札幌農学校教授の傍ら創設した遠友夜学校も、稲造による「学問より実行」の現れと理解できる。稲造は農学校の学生に対して、もちろん学問の大切さを教えたものと思う。こうした学問に対する姿勢は、京都帝国大学、第一高等学校など、稲造が学生教育に携った高等教育機関においても同様であった。

しかし稲造の一貫した立場は、学問より先行して身につけるべきものが、世の中には存在する。それは、人間としての道義と社会常識である、というものであった。このことを稲造はユーモアたっぷりに「専門センスよりもコモンセンス」と語っている。

前置きが長くなったが、では、遠友夜学校のもう一つ教育目標である「学問より実行」は、具体的にはどのように発揮されたのであろうか。私は以下の三つにまとめられると考えている。

第一は、「読み」「書き」「話す」という、日本語リテラシーの習熟である。第二は、看護法・裁縫など日常生活に欠かせない技術の習得である。第三は、自律心・協調精神・礼儀などを身につけ、どのような状況の中でも強く生き抜く、自律的人間の育成である。

この三つの内容は、相互に関連しており、「社会の中で自律的に生きていくうえで必要な実学」と総括できる。第二の生活技術についてはここでは省略し、第一と第三の実際の内容について断片的だが紹介しておこう。

遠友夜学校では、平日は文部省の教科書に沿って授業がなされていたが、授業時間以外や日曜日には独自の課外活動を行っていた。課外活動の牽引力は、生徒と教師による自治会組織であり、中等部男子にはリンカーンの名前から命名した「倫古龍会」、中等部女子には「菫会」（以前は「羊会」）、初等部には「修身会」という組織があった。そして実学は主にこうした自治会組織の活動の中で実践された。

これらの自治会は、明治三〇年代から昭和初期にかけて、『倫古龍会雑誌』（リンコルン会誌）『文の園』『子羊』『遠友魂』などの文集を発行していた。印刷技術のまだ十分でなかった古い時代のそれは、手書き（毛筆）の文集として編纂され、生徒たちに回覧されていた。とくに大島金太郎や有島武郎が遠友夜学校の代表を務めていた明治四〇年代には、文集が頻繁に発行され、誌面には教師による随想・主張、生徒の作文などが溢れている。

これらの文集によって、生徒たちは教師の優れた文章を「読み」、自ら「書く」ことで日本語の力を身につけ、同時に習字の勉強をした。生徒たちの書いた文集を見ると、その多くが達筆である。注目されるのは、生徒の文章には「病気見舞いの文」「寒中見舞いの文」「遠方の親戚へ近況を報ずる文」など、手紙の形のものが少なくないことである。これらは多分、教師の指示によって日常使う手紙の練習のために書かされたものと思うが、ここには社会生活を生きるうえで欠かせない実学の一端が窺える。

「話す」能力の育成において大きな役割を果たしたのは、中等部男子による倫古龍会である。この会では活動の一環に弁論を取り入れ、生徒たちの「話す」訓練をしていた。そして札幌・石狩管内で毎年開催されていた中学校弁論大会に参加し、何回も優勝の栄に浴している。私がかつてお会いした遠友夜学校の卒業生はいずれも雄弁であったが、これは、弁論を通じて「話す」能力を育成してきた学校の方針からきているものと推察している。

次に実学の三番目の内容をなす自律的人間の育成に関しては、次のエピソードが参考になる。

新渡戸稲造は明治二七（一八九四）年の遠友夜学校設立から同三〇年の病気による札幌農学校休職まで、三年余にわたって週一回は夜学校の教壇に立ち、おもに修身講話を行ってきた。

その当時、遠友夜学校の生徒であった倉田藤吉は、倫古龍会での稲造の話の要旨を紹介しているが、それは次のような内容のものであったという。

「各人は自己の本分を守って、主人や先輩の命ずることはよく守り、理解のできないことは更に教を乞ひて理解することに留意し、仕事に励み、同僚や先輩との間柄は自分の立場をよく考えて、決して自分が先輩だとか兄分だ姉分だなどと傲慢ぶってはいけない、どこまでも自分の立場を十分心得て、何人にも恥じない立派な態度が必要であり、自分らしさが大切であると訓話された。」

倉田は貧しい家庭に育ち、古物商の小僧になったあと母親が営む襤褸《ぼろ》屋（古着屋？）の手伝いをしながら、遠友夜学校の初等部高等科に入学した。そのため、稲造の話は心に深く刻まれ、「傲慢ぶるな、人間らしくせよ」ということを人生の指針としてきたとのことである。

私はこの短い訓話の中にも、キリスト者としての稲造の隣人愛と人権思想が、日常の言葉で簡潔に示されているように思われる。パウロによる「ローマの信徒への手紙」には「兄弟愛をもって互いに愛し、尊敬をもって互いに相手を優れた者と思いなさい。」（同12章10節）、「自分を賢い者とうぬぼれてはなりません。だれに対しても悪に悪を返さず、すべての人の前で善を行うように心がけなさい。」（同12章16～17節）とある。稲造の心の中には、こうした聖書の言葉があったものと思う。しかし、これを表に出さず、日本人向けに翻訳して語るところに彼の真骨頂がある。

遠友夜学校がめざした自律的人間の育成という点で、私の印象に強く残っているのは、昭和初期に中等部で学んだ中村幹生である。彼女には遠友夜学校創立百年記念講演会（一九九四年）の際に元生徒を代表してスピーチしてもらったが、その雄弁と表現の豊かさは会場を大いに沸かせた。スピーチの中で昭和四（一九二九）年に新校舎が完成し、引っ越し作業を行った際のエピソードが出てくる。年長であった彼女は、夜食づくりのリーダーとして、教師に指示を与えながら短時間で一二〇人分のおはぎとタクアンを用意した。そのことを、力むことなく面白可笑しく紹介している。

教師の指示を待って仕事をするのではない。仕事の目標は教師が与えるが、具体的な準備と作業は、生徒自身が企画し、分担を決め、与えられた任務を確実に果たす。そうした自律的人間を遠友夜学校は育てていたのである。

おわりに――現代の教育に示唆するもの

「教えたい」という教師と「学びたい」という生徒の白熱した交錯が、遠友夜学校五〇年の歴史を貫いている。『思い出の遠友夜学校』新装普及版の「解説」で、私はこうした主旨のことを書いた。今回の論稿で私は、遠友夜学校の教育目標とその実践内容について、できるだけリアルに再現しようと考えた。だが、資料の不足は否めず、きわめて断片的な紹介にとどまってしまった。

しかし、遠友夜学校の教育目標に、慈愛を根底にした人間形成と、社会で生きるうえで欠かせない実学を置いたこと、そのことが昭和六（一九三一）年に新渡戸稲造が自ら揮毫した二つの扁額に込められていることについては、おおよそ明らかにできたのではないかと考える。また、実学の内容についても触れたが、それらは学校でも家庭でも、現代の教育がもっともウィークな部分であり、これからの課題になっているものである。

子どもと若者における日本語力の低下、とくに文章の稚拙さには目を覆いたくなる。ケガや病気の対処法を知らない、スコップやカナヅチが使えない、縫物ができない、調理ができないなど、サービスを金で買う時代の生活技術の低下も著しい。子どもと若者の「生きる力」も弱くなっている。忍耐力がなく、些細なことで挫折する。挨拶もできず、他人とのコミュニケーションがとれない。社会や他人への無関心と指示待ち症候群は、企業でさえ困り果てている。

昭和二二（一九四七）年に新渡戸稲造の影響を受けた者たちが中心になって制定されたといわれる、教育基本法は、第一条で次のような教育目標を掲げている。

「教育は、人格の完成をめざし、平和的な国家及び社会の形成者として、真理と正義を愛し、個人の価値をたつとび、勤労と責任を重んじ、自主的精神に充ちた心身ともに健康な国民の育成を期して行われなければならない。」

これはすでに述べた遠友夜学校の教育目標と重なっている。だが近年、人間の尊厳と平和を守る教育の軽視が進み、教育基本法自体も平成一八（二〇〇六）年に全部改正された。そして現在、自己中心的で、すべてを損得で判断し、正義や善を追い求めるのはダサイといった風潮が若者の間に広まっている。

こうした軽佻浮薄の世の中で、遠友夜学校の教育実践が示唆するものは大きい。この学校の歴史をいつまでも語り続けるとともに、その評価すべき内容をこれからの教育に活かしていくことが必要なのである。

【追記】文中に用いた文献・資料は次のようなものである。

札幌遠友夜学校創立百年記念事業会編『思い出の遠友夜学校』新装普及版、北海道新聞社、二〇〇六年
札幌遠友夜学校創立百年記念事業会編集・発行『札幌遠友夜学校資料集』、一九九五年
札幌市教育委員会編『遠友夜学校』さっぽろ文庫一八、北海道新聞社、一九八一年
『新渡戸稲造全集』第二一巻、教文館、一九八六年

【付記】　本稿は、北海道基督教学会『基督教学』第四五号（二〇一〇年）から転載したものです。

第5章　「遠友夜学校」校名の由来と「独立教会」

新渡戸夫妻はなぜ遠友夜学校を創ったか

新渡戸稲造夫妻は札幌農学校教授時代の一八九四（明治二七）年一月、遠友夜学校（正式校名は札幌遠友夜学校）を創設した。所在地は札幌市街を南北に流れる豊平川の川縁近くで、周辺には貧民の家屋が多く、一種のスラム街の様相を呈していた。義務教育制はすでに一八七二（明治五）年から導入されていたが、貧民の家庭では子供は貴重な労働力であり、小中学校に通うのは稀であった。こうした昼間学校に行けない子供達のための教育施設をつくることは、稲造の年来の願望であった。このことは、一八八五（明治一八）年十一月、稲造が米国のジョンズ・ホプキンス大学に留学中に親友・宮部金吾に送った書簡（邦訳は『新渡戸稲造全集』第二十二巻、教文館、に収録）にも書かれている。書簡の中で稲造は、札幌に三種の学校設立を行う計画を述べている。一つは老人・成人のための学校、二つは専門学校または大学の受験を希望する青年のための学校、そして三つ目が貧しい人々や労働者の子供達を対象とした夜学校の設立であった。夜学校では「日本語の初歩と、できれば英語を少し、さらに算数を教える。また女子には刺繍、裁縫、編み物、英語、国文学を教えたい」としている。そして、同じキリスト者である宮部に対して、「そうした仕事は、〝神〟の栄光を世に輝かしめるための大いなる一助となるのではあるまいか?」と問いかけている。

新渡戸稲造は、六年間の欧米留学を終えた一八九一(明治二四)年二月に、米国人のメリー夫人を伴って札幌農学校に教授として赴任した。夫妻の官舎は、同校の演武場(現在の時計台)の近くにあった。周辺にはバラック建ての家が多く、貧民子弟のための学校設立に対する新渡戸夫妻の思いは増すばかりであった。そうした願望を実現に向かわせたのは、メリー夫人の実家である米国のエルキントン家から送られてきた一千ドルの資金であった。この資金は孤児院から同家に引き取られ、家族同様の生活をしてきた女性が、長年月をかけて蓄財したお金であり、彼女の死に際し遺言でメリー夫人に送金されてきたものである。

新渡戸夫妻はこの浄財を元手に夜学校設立のための土地と民家を買い上げた。隣地には、札幌基督教会(一九〇〇年から札幌独立基督教会と改称、以下、改称の前後を含めて、独立教会と呼ぶ)の日曜学校(豊平日曜学校)の施設があった。夜学校設立当時の状況については詳らかではないが、開校当初は毎週二日間、生徒の希望する学科と簡単な看護法、礼の作法、裁縫などを教え、日曜日には稲造自身による修身講話や唱歌の練習がなされたようである。講話ではしばしばリンカーン伝が取り上

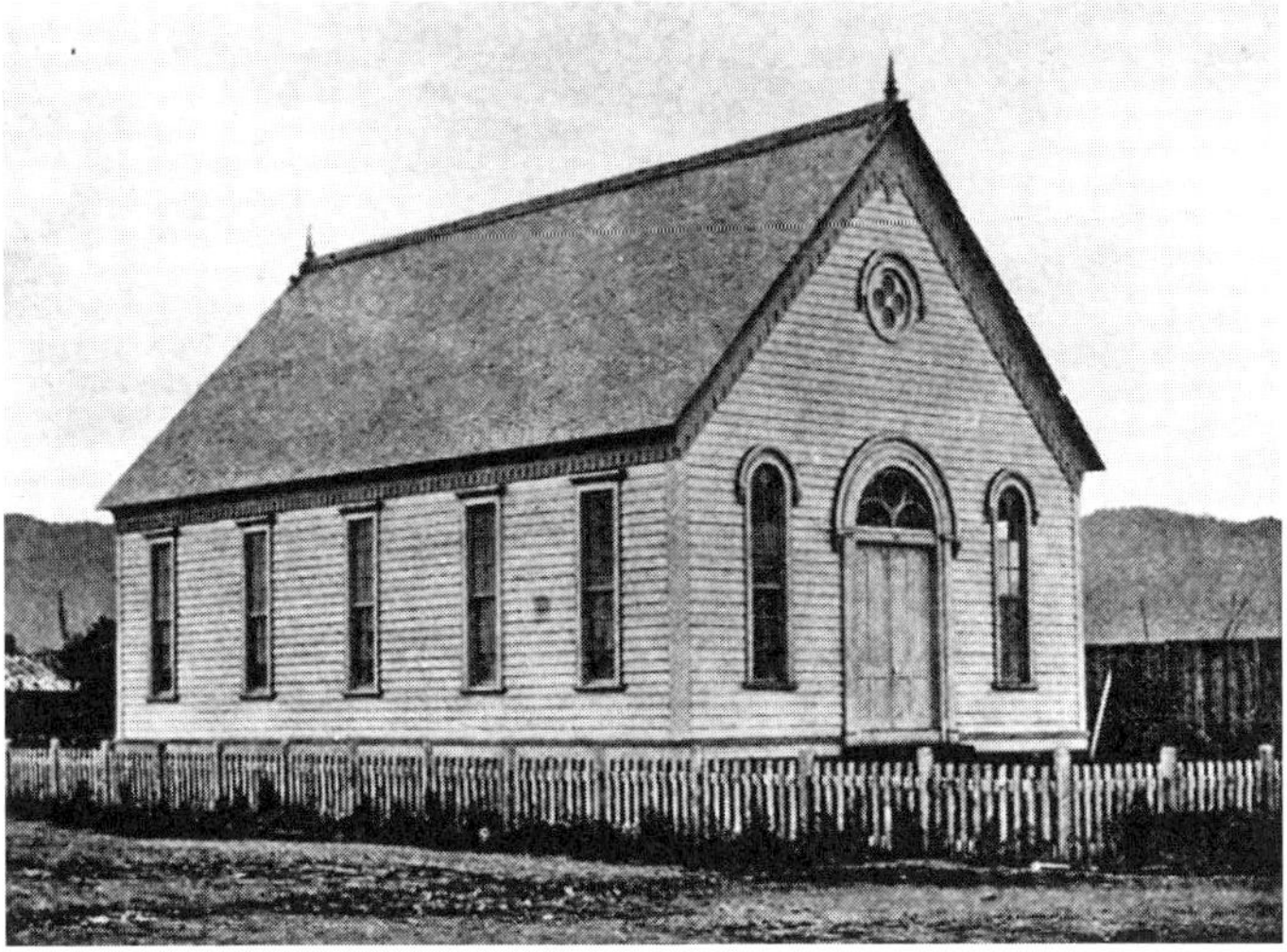

写真　明治18年当時の札幌基督教会（札幌市南3条西6丁目）　札幌市公文書館所蔵

げられ、彼の名前をつけた倫古龍（リンコルン）会という名の高学年の生徒組織もつくられた。

新渡戸夫妻は夜学校の設立について、「天なる父の栄光を証しすることになるに違いない」と、義弟のジョセフ・エルキントン宛に書き送っている（『新渡戸稲造全集』第二十二巻、四六七頁）。しかし、夜学校の運営にあたっては、稲造はキリスト教は表面に出さず、「キリストの教えに従って行動する方が、言葉を用いるよりも、多くの人の心を捉える」（同四六四頁）と考えていた。具体的には、貧しい家庭に生まれ、アメリカ大統領になったリンカーンの博愛主義、および学問よりも実行を重視する実学主義を、遠友夜学校の二大教育方針とした。のちに稲造は自ら揮毫して次の二つの扁額をつくり、それらは校内に掲額された。

"With malice toward none, With charity for all."

（何人に対しても悪意をいだかず、すべての人に慈愛をもって）（リンカーンの大統領二期目の就任演説の一節）

「学問より実行」

夜学校は稲造が直接運営に関わっていた頃にすでに七〇名ほどの生徒がいた（稲造の手紙による）が、その後生徒数が増えたこともあって、日曜を除く毎日行われるようになった。そして、一八九七（明治三〇）年からは文部省小学校令施行規則を適用し、尋常・高等二科による毎夜二時間授業を開始した。また、日曜日はしばしば遠足など学校行事にあてられた。教師は札幌農学校の生徒が無償奉仕で担当したとされているが、実際には稲造のポケットマネーからわずかの報酬が出ていた。また、学校の近くに市電が開通した後は、往復の電車賃程度のものが支払われていたようである。しかし、生徒からは授業料はとらず、学校の維持費は新渡戸夫妻と篤志家からの寄付金によって賄っていた。

新渡戸夫妻が設立した遠友夜学校は設立の経緯からして「新渡戸学園」そのものであり、稲造は亡くなるまで校長を務め、没後はメリー夫人が跡を継いだ。夜学校の運営は、一八九七（明治三〇）年稲造が病気のため札幌農学校教授を辞し、札幌を離れたのちも宮部金吾や有島武郎、その他新渡戸稲造の精神を継承する農学校・北大の教員・学生および民間人たちの手によって担われ、一千名余りのの卒業生を世に出してきた。実際はその数倍のものが夜学校で学んだと言われているが、働きながらの通学のため多くが卒業にまでは至らなかった。

ともあれ、遠友夜学校は、北海道最初の社会事業として貧民子弟の教育に絶大な貢献をなした。だが、米軍による本土空襲が始まり、札幌も灯火管制下におかれるようになった一九四四（昭和一九）年、軍部の圧力もあって閉校を余儀なくされ、五〇年間の栄光の歴史に幕を下ろすことになる。

この間の歴史については、私たちが遠友夜学校創立百年を記念して発刊した『思い出の遠友夜学校』に詳しいので参照していただきたい（同書の初版は一九九五年であるが、その後絶版となり、二〇〇六年三月に北海道新聞社から新装普及版として再刊された）。とくに同書の劈頭を飾る高倉新一郎氏執筆の四五頁にわたる通史「札幌遠友夜学校」は、北大の学生および教官時代の二〇数年間、夜学校を中心的に支えてきた功労者としての貴重な記録であり、その秀逸な文章は巻を措くあたわざるほど読者を引きつける。

校名には愛児・遠益の一字が重なっている

遠友夜学校の校名が論語の「有朋自遠方来。不亦楽乎。」（朋有り遠方より来る、また楽しからずや）から由来していることについては広く知られている。新渡戸稲造が最後に遠友夜学校を訪問したのは一九三一（昭和六）年五月一八日のことであるが、この時も生徒や教師の前で校名が論語から付けられたことを自ら語っている。このように遠友夜学校の校名が論語の「有朋自遠方来」から来ていることは間違いないことであるが、同時に「遠友」の「遠」には新渡戸夫妻のある思いが込められていることを忘れてはならない。その思いとは、新渡戸夫妻の待望の一子でありながら生後わずか一週間で昇天した遠益《とおます》のことである。

私の想像では、多分、「遠益」の名は、新訳聖書に出てくるトマスから付けられた。トマスは、イエス・キリストの十二弟子の一人でありながら、十字架上で死んだイエスの復活をすぐには信じられなかった懐疑的な人物として知られている。札幌農学校在学時の稲造も神の実在をなかなか信じられず、そのことが彼の精神に懐疑的な一面を刻印していった。トマス自身はイエスの復活を身をもって体験したあとは、信仰の懐疑性を克服し、東方伝道に多大な貢献をなしている。こうした事実を考えると、キリスト教のクウェーカー派を知ることによって「平和の主」である神の実在を信じ、生涯、平和主義を貫いた新渡戸稲造とトマスが私にはダブって見えてくる（私事になるが、私はいろいろ悩みながら二〇歳の誕生日に聖公会の教会で洗礼を受けたが、そのときに外人司祭から付けていただいたクリスチャン・ネームもトマスである）。

遠友夜学校の校名が「遠益」の一字をとったのではないかということについては、一部の夜学校関係者からつとに指摘されていた。たとえば遠友夜学校元教師の高倉新一郎氏は前出の『思い出の遠友夜学校』の中で、「札幌に落ちつかれた翌年、遠益と名づけられた男のお子さんができましたが、間もなく亡くなりました。その上、奥さんは肥立ちが悪く、一時アメリカの実家に帰られ、先生が送って行かれました。その後、先生は子宝に恵まれなかったのです。先生の失望は大きく、遠友夜学校なども、遠益君の一字をとったのだとさえ言われています。」（「新渡戸先生と札幌」、二二七頁）と述べている。

私も「遠友」の「遠」は「遠益」への思いとダブらせたものと考え、講演などでこうした推察を述べてきた（「新渡戸稲造――その業績と現代的意義」『札幌同窓会誌』第一三号、一九九七年、本書第1章）。

こうした私の推察を「確証」へと導いたのは、稲造の令孫である加藤武子さんが、二〇〇二年五月札幌で開催された「新渡戸稲造メモリアルデイ」において行ったスピーチである。この集会は、稲造が最後に遠友夜学校を訪問した五月一八日（一九三一年）近辺の土曜日に行うことになっているが、その第一回の集会に招待された武子さんは、門外不出の稲造の日記を調べたうえで、遠友夜学校の「遠」には、私の推察とおり「遠益」の一字が重ねあわされていたことを断言してくれたのである。

この集会ののち、武子さんから私あてに『祖父　新渡戸稲造のこと』と題する小冊子が送られてきた。これはキリスト友会日本年会が二〇〇一年十一月に行った講座での武子さんの講演を収録したものだが、その末尾に次のようなことが語られているので紹介する。

「この遠友夜学校という名称には、二つの説が伝記の中に残されておりますので、ずっと気にかかっておりました。この際確かめたく思い、一〇六年前の祖父の日記の中に、命名の真実を八二歳の孫である私がやっと見付けたのでございます。

―― 一八九六年一月十日（金曜日）

大雪、夕方夜学校に行き、夜はメリーと夜学校に何か名前をつけるべく話し合う。メリーは私たちのベビー、トーマスの名前をどこかに組み合わせることを示唆した。亡くなった愛児遠益のトウをそのままつかうのはむつかしいので、トウをエンと読ませて、遠友とするのが一番われわれの思いに叶った。」

同日の日記の後半部分には、神の実在を感じさせる新渡戸夫妻の神秘的体験がリアルに書かれている。

「夜学校から戻る途中、稲妻のようにわれに来るものあり、大いなる創主なる神の声。耳を傾けさえするなら、富めるも貧しきもひとしく神の祝福はそそがれる。そして、神のみ声はわれわれの胸に満ち、大気にもみちみちて、天にいまし給う善なる神のかぐわしい香りは、大気の中に放たれていた。わが家に帰りつくと、出産以来ずっと半病人のようになっていたメリーは、『急に勇気がよみがえり、キリストが私に歩みより、いやしの手をさしのべ給うのが感じられた』と言った。（以下略）」

事の順序から言えば、夜学校からの帰りの道で稲造の神秘的体験があり、自宅で同じような体験をしたメリー夫人と、夜学校の名称について語り合い、早世した愛児「遠益」の一字を使い、「遠友」と名付けることにしたのである。夫妻とも神秘的体験をした直後だけに、夜学校の命名には神の計り知れないみ心を感じつつ行ったのであろう。

夜学校は「独立教会」信徒によって支えられていた

この日記の書かれた一八九六（明治二九）年一月は、日記を紹介した武子さんの転記に間違いがなければ、「遠友夜学校」が開設されたとされる一八九四（明治二七）年一月のちょうど二年後である。とすると、学校開設から二年間は夜学校にはまだ「遠友」の名称は付けられていないことになる。

創設当時の夜学校に関する公式記録は多分存在していないと思われるが、学校の様子については稲造が義弟（メリー夫人の弟）ジョセフ・エルキントンに送った手紙から窺い知ることができる。とくに一八九五年七月四日付けの手紙では「学校の向かい側に家付きの土地を買うことに決めた」ことについて、手書きの地図付きで書かれている。また、一八九六年一月三日付け（すなわち夜学校の名称を「遠友」とすることを決めた一週間前）の手紙では、通学する子供たちが夜学校のことを「日曜学校」と呼んでいることが紹介されている。すなわち、子供たちからみれば夜学校は「豊平日曜学校」

の延長であったのだ。

また、後者の手紙は一時中断され、一月十二日および一月二六日に再び書かれているが、その中では夜学校が教会信徒の篤志家によって助けられていることが詳しく書かれている。その一部を加藤武子さんによる日本語訳（『新渡戸稲造全集』第二十二巻）で紹介するとこうである。

「私たちは菅原夫人に手伝ってもらっています。夫君はささやかな公務員で校内に住んでいます。夫人はまさに適任です。と申しますのは、彼女は稀にみる人物なのです。彼女を何年も前から知っている私の友人が、彼女のことをクリスチャンの中のクリスチャンだと声を大にして言っています。（中略）星ハナノは、この地域担当の看護婦になる人ですが、子供たちを集めるのになかなかの役目を果たしています。彼女は掘っ建て小屋に入って行き、母親たちに幼い者たちを学校に行かせるよう説いて回ります。ときどき子供を行かせるのをいやがる母親もいます。お金を払わせたり、子供たちがキリスト教を教え込まれはしまいかと恐れるのです。学校では宗教の話はしない方が無難です。なぜなら長い目で見ますと――私たちは忍耐強く信じる心を持たねばなりません――私たちがキリストの教えに従って行動する方が、言葉を用いるよりも、多くの人の心を捉えるのです。（中略）一昨日星ハナノが病人の家を巡回しながら、ある若い娘を学校へ行かせるために願書を書かせました。この子は数マイルも離れた田舎に住んでいるので、母親は学校の中かその近くに下宿ができればと願っています。そうでなければ彼女（母親）はその子の食べるだけのお米は届けるというのです。小野夫人という人は、学校に関心をよせ、さまざまな手芸を無償で教えようと志願しています。道は多くの良き働きのために堂々と開かれ、われわれは皆、こうなっていることに感謝をしています。」（四六三〜四六七頁）

『札幌独立キリスト教会百年の歩み』（一九八三年発行）下巻の巻末に創立当時からの会員名簿が掲載されている。これによると「菅原夫人」とは菅原カツエ（一八六六年生まれ）のことで、独立教会には一八九〇年九月に空知教会（独立教会の分教会）から夫とともに転籍している。「星ハナノ」（生年不明）は一八九一年十月、大島正健牧師の時に独立教会に入会している。また「小野夫人」というのは、一八八九年四月、同じく大島牧師の時に教会に入会した小野ヨシ（一八六九年四月生まれ）のことではないかと思われる。新渡戸がこの手紙を書いたのは一八九六年一月だから、当時の彼女たちの年齢は二七〜三〇歳で、新渡戸夫妻とは同世代である。

一八九六年一月一二日に書いた手紙には、「私たちはあるキリスト信者の青年の奉仕を確保しました。彼はこういう仕事に関心を持っていて、週のうち日・火・水・金の四日、夜学校に来て、校務を取り仕切ってくれます。」とも書いている。

これらの手紙の文面から窺われることは、開設当時の夜学校が、独立教会の有志、とくに婦人、青年の奉仕によって支えられ、運営されていたという事実である。ちなみに、私の祖父である三島常磐《ときわ》は、一八五四（嘉永七）年八月越後国生まれで、明治初期に来道し札幌において写真館を経営していたが、一八八九（明治二二）年一月に大島牧師から洗礼を受け、独立教会の会員になった。そして、一九一七（大正六）年から遠友夜学校の会計を務め、一九二二年の財団法人認可後は新渡戸稲造、宮部金吾、半澤洵（のちの遠友夜学校代表・校長）とともに理事の一翼を担い、一九二九年の新校舎建築にあたっては募金活動で中心的役割を果たした。

ついでに言えば、札幌農学校教授を辞した新渡戸稲造が、遠友夜学校の後事を託したのは親友の宮部金吾（札幌農学校教授）だが、周知のように彼は独立教会の創立当時からの会員である。また、新渡戸稲造が去ったあとの夜学校は遠友会という組織によって維持・運営されていたが、稲造後の代表は次の通りで、最後の半澤洵を除き、いずれも独立教会会員である。宮部金吾（一八九八〜一九〇四年遠友会代表、一八八二年独立教会入会）、大島金太郎（一九〇五〜一九〇八年代表、一八八七年入会）、有島武郎（一九〇九〜一九一四年代表、一九〇一年入会、のち退会）、蠣崎知二郎（一九一五〜一九一九年代表、一九〇一年入会）、野中時雄（一九一九〜一九二〇年代表、一九一一年入会）、小谷武治（一九二〇〜一九二一年代表、一八九七年入会）、半澤洵（一九二一〜一九四四年代表）。

こうした人脈をみれば、遠友夜学校が創設時から独立教会会員有志によって支えられていたことは明らかであろう。

ここで話しを稲造によるジョセフ・エルキントン宛の手紙に戻すが、手紙の原文（英文）は『新渡戸稲造全集』第二十三巻に収録され、その日本語訳は第二十二巻に掲載されている。日本語訳は前述のとおり加藤武子さんによってなされているが、ひとつ気になる部分がある。それは先に引用した二つの手紙において、稲造が the Ragged School と書いているものを、「遠友夜学校」と訳していることである。なお、the Ragged School という言葉は、二つの手紙とも二回目以降の使用では a school, the school という言葉に省略されているが、これについても訳文では「遠友夜学校」という固有名詞が使われている場合が多い。前記の稲造の日記（一八九六年一月一〇日付け）から明らかなように、ジョセフ・エルキントンに手紙を出した時点では、まだ「遠友夜学校」という名称は付けられていない。読者に分かりやすいように、訳者はあえて「遠友夜学校」という固有名詞を使ったのであろうが、歴史的事実からすると誤解を招く表現である。

参考までに手元の英和辞典によると、ragged の邦訳は「ぼろぼろの」である。稲造は多分、「ボロ学校」といった意味合いで the Ragged School という言葉を用いたのではないかと想像される。実際、夜学校の旧校舎は老朽化した民家を購入したものであり、残存する写真を見ても、まさに the Ragged School であった。

以上で「遠友夜学校」の校名の由来と札幌独立基督教会の関わりに対する私の考察は終わる。札幌では近年、遠友夜学校の業績が見直され、「遠友学舎」と名の付いた建物（北大構内にある）や「平成遠友夜学校」「遠友塾」といった自主講座が開設されている。これらは新渡戸稲造の事績を称えるものとして貴重なものであるが、「遠友」の言葉に込められた新渡戸夫妻の思いとこの学校を支えた人たちのことについて、ぜひ忘れないでいただきたいものである。

【付記】 本稿は、(財)新渡戸基金『新渡戸稲造研究』第一五号(二〇〇六年)から転載したものです。

第6章　新渡戸稲造のナショナリズムと国際主義

はじめに

新渡戸稲造は強い愛国心をもったナショナリストであり、古い言葉で言うならば「憂国の士」である。だが彼は、国の利益を第一とする偏狭なナショナリストではなく、他国のナショナリズムを尊重し、真理と正義を基底とした平和な世界を理想とする国際主義者でもあった。

小稿の結論をあらかじめ述べておけば、こうである。

新渡戸稲造については一般に日本を代表する国際主義者という面が強調されており、それは間違いではない。だが、彼が祖国・日本をこよなく愛したナショナリストであったという側面を見落とすならば、それは新渡戸稲造の正しい評価とはならない。新渡戸の名を世界に知らしめた *Bushido*（武士道）も、その副題 *The Soul of Japan*（日本の魂）に見られるように、日本の伝統的精神や倫理観について、日本人としての誇りをもって記述したものであった。

関係者の努力によって、『新渡戸稲造全集（全二三巻）』（以下『全集』と略）としてわれわれのもとに残された彼の著作には、日本最初の体系的農学書と言われる『農業本論』や、東京帝国大学の講義をまとめた『植民学及植民政策講義』など、斯学界に大きな業績を残しているものもある。だが推察するに、彼がもっとも力を注いだ仕事は、若き日に〝われ太平洋の架け橋たらん〟と語ったように、世界、とりわけ米国に対する「日本及び日本文化」の紹介であった。その意味では、『全集』第一七巻に邦訳が収録されている「日本国民」（これは新渡戸が最初の日米交換教授として一九一一〜一九一二年に米国の大学で講義したものである）、および『全集』第一九巻の邦訳「日本文化の講義」（これは満州事変によって日米関係が悪化した中で行われた米国での講義をまとめたものである）が、文献上とくに重要であると考えられる。

これらを丹念に読めば、新渡戸が愛した日本及び日本人のアイデンティティを知ることができると思うが、小稿ではその前提となる新渡戸のナショナリズム・愛国心とその国際主義との関係について、彼の著作を通して考えてみたいと思う。

若き日の「熱狂的愛国主義」批判

新渡戸が最初に愛国心について書いたのは「わが国最近の熱狂的愛国主義」と題する評論（原文は

英文で、その邦訳は『全集』第二一巻の「随想録補遺」に収録されている）であった。一八九五（明治二八）年、彼が札幌農学校教授として札幌で活動していた時代に書いたものである。ちなみに、その前年（一八九四年）一月には札幌遠友夜学校（校名は二年後に決まる）が開設されていた。

新渡戸がこの評論を書いた明治二〇年代は、明治維新後の欧化主義に対する反動として、国粋主義・民族主義的な思想や運動が蔓延《まんえん》していた時代であった。彼ら熱狂的愛国主義者は、明治維新前の攘夷思想の外套を脱ぐことができず、外国語の研究まで非難する極端な排外主義者であり、「竹取物語」や「徒然草」など日本の伝統的文化と天皇制国家を絶対化する「愛国主義者」であった。

新渡戸はこうした排外主義・国粋主義的志向をもった「愛国主義」を「一種の病気、一種の偏見」と批判するのだが、同時に「その真の趣旨は健全なもの」として寛容な態度を示している。

そして、その時代の愛国主義的運動の源流を、一九世紀第一・四半期に始まったヨーロッパのナショナリズム（これは前世紀のコスモポリタン主義の反動として始まった）の勃興に求め、それが全ヨーロッパに広がり、さらにポルトガルを通って、「大西洋を渡り、『アメリカ人のためのアメリカ』という叫びが今や空を引き裂いている西大陸へ――まことにいたる所でナショナリズムの大波が巻き起こっている。日本の排外反動は、この全世界的大波の中の小波のひとつにすぎない。」と述べている。

若干注釈すれば、「前世紀のコスモポリタン主義の反動」とは、経済思想的にはアダム・スミスの

「自由貿易主義」を万民主義（コスモポリタン）的原理とする一九世紀前半の動きに対し、ドイツのフリードリッヒ・リストが国民経済確立のための「保護貿易主義」を主張し、当時の自由貿易帝国であったイギリスに対抗した動きを示している。「アメリカ人のためのアメリカ」とは、第五代アメリカ大統領のジェームズ・モンローが、一八二三年の年次教書で唱えた「不干渉・独立宣言」（モンロー主義と呼ばれる）を指しているものと思われる。

新渡戸がこの評論を書いてから百二十年余りが経過する今日、ドナルド・トランプが自由貿易主義を批判して「アメリカ第一主義」を唱え、そうした保護主義の大波が、今度は大西洋を渡ってヨーロッパを襲っていることに、歴史の弁証法を印象付けられる。

だが、こうしたナショナリズムの動きを理解しつつも、新渡戸は「地球上の諸国民の川が、共に合流して、一つの兄弟の大海に入り、その大海に、各国民はその特選の捧げ物を注ぎこむべき時に、われわれはまさに近づきつつある。」と述べ、こう結ぶ。

「熱狂的愛国主義は、ラッパを吹き、自画自賛しつつ、自分自身の弔鐘を鳴らし、新時代の到来を告げているのである——いっそう広い考えといっそう大きな愛、全人類の民族的・倫理的協力の新時代の到来を。」（『全集』第二一巻、二八四頁）

（注）　なお、新渡戸はこの論稿で「国家」について次のように述べている。

「国家という有機体は、内外から起こるどんな混乱にもきわめて敏感であるという根拠に立てば、彼らは国家自体に、どんな仕方であれ国家を危うくする恐れのある思想や運動は一切根絶するその権限を行使せよ、と忠告するであろう。科学理論でさえ、国家やその統治者たちの威厳にかかわるとの嫌疑をうけたときには、禁圧される。国家権力を自分の側につけたばあい、人はどんなことでもできる、しかり、犯罪を犯しても罰を受けることがないのである。」（『全集』二一巻、二七八頁、傍線は引用者）

これは徹底した「国家主義」批判である。Nationalism については、「国家主義」と訳されることが多いが、言葉の本来の意味では Nation（国民）中心の考え方であり、「国民主義」と訳すべきという主張がある（中野剛志『国力とは何か』講談社現代新書）。私もこの主張を支持しており、ナショナリズムを「国民主義」と前向きな内容で理解する。それはナショナリスト・新渡戸による上記の「国家主義」批判からも納得できることである。

愛国心に根差した国際心

新渡戸が最初に愛国心・ナショナリズムについて触れた論稿は、上述のように一八九五年、三四歳のときだが、管見のかぎりでは一九三〇（昭和五）年に『英文大阪毎日』の「編集余録」に掲載された「愛国心と国際心」まで、こうしたテーマでの論稿はなかったように思われる。この間、三五年という長大な年月が横たわっている。この空白は、新渡戸が前掲稿で批判した復古主義的なナショナリズムがその後影を潜めたこともあるが、大正デモクラシーをはさんだ時代の変化も関係していると推察される。もっとも、新渡戸自身はその間も、祖国への愛情を持って、日本及び日本人論を折に触れ、あるいは意識的に講演し、書き記したことは、先に紹介した*Bushido*（武士道）や*Japanese Nation*（日本国民）を瞥見するだけで明らかである。

同時に注目しておくべきことは、新渡戸が一九一九（大正八）年に『平民道』を著し、個人の自由と平等を説くデモクラシー（民主主義）が、世界の大勢になっていることへの確信を得ていたこと。さらにデモクラシーの延長線に国際平和があるという認識が、一九二〇（大正九）年新渡戸が初代の国際連盟事務次長に就任したことによって、ますます強められていったと思われることである。

七年間の国際連盟事務次長の任を終え、一九二六年一二月に帰国した新渡戸は、二年後の一九二九（昭和四）年四月から請われて『英文大阪毎日』の編集顧問に就任する。それまでの新渡戸は公職が多く何かと言論に制約があったが、一介のジャーナリストとなり「言論の自由」を得た彼は、一九三三（昭和八）年一〇月の逝去までの四年半、機微に触れた時論を含め、大小の膨大な量の論稿を書きまくったのである。

前述した「愛国心と国際心」は一九三〇年六月七日付けの『英文大阪毎日』に掲載された短文であり、英語のタイトルでは"Patriotism and Internationalism"となっている。本稿のテーマの核心に迫るものなので、以下、全文を引用する。なお、これは佐藤全弘氏の訳文であるが、本稿ではこれから必要に応じて原文の英語をカッコ内に入れることにする。

「愛国心（patriotism）の反対は、国際心や四海同胞心（cosmopolitanism）ではなくて、狂信的愛国主義（chauvinism）である。国際心は愛国心を拡大したものである。自分の国を愛するならば、自国の生存に欠くことのできぬ国、その国がなければ自国がその存在理由を失う他の国々を、どうしても愛せずにいられない。また、もし世界を愛するならば、どうしても世界で自分にもっとも近い所を、一番愛せずにはいられない。

自分の国を他の国々の敵とすることによって自国を讃えようとする者は、憐むべき愛国者（patriot）である。自分自身の国に何一つ欠点をよう見ないような愛国者も、また等しく憐むべき者である。自分を義《ただ》しとする国は決して改善されえないからである。

真の愛国者にして国際心の持ち主とは、自国と自国民の偉大とその使命とを信じ、かつ自分の国は人類の平和と福祉に貢献しうると信じる人である。

国際心を抱こうとする人は、まず自分の足で祖国の大地にしっかりと根を下ろさねばならない。それから頭《こうべ》を挙げて、広々とした世界を見まわすと、自分がどこに立っているか、どちらへ向かって行かねばならぬかがわかるのである。世界を知らぬ者は、自分の国をも知らない。『愛は盲目である』、しかし、盲目の愛が国事にあってわれわれを導くとき、国はどういう状況に陥るであろうか。」（『全集』第二〇巻、五六～五七頁）。

ここで「狂信的愛国主義」と訳されている原文の英語は chauvinism であり、これと同じ言葉が別の論稿においては、「熱狂的愛国主義」「好戦的愛国主義」と訳されている（いずれも佐藤全弘氏の訳）。だが、そうした訳文の違いは問題ではない。Chauvinism（ショーヴィニズム）を辞典で調べると、ナポレオン一世を熱狂的に崇拝した一兵士 Chauvin の名前に由来し、日本では「偏狭な民族主義、排外的な愛国主義」（広辞苑）などと訳されている。現代世界の政治状況を踏まえて言うならば、ショーヴィニズムとは「狂信的な個人崇拝、排外的愛国主義、他国ないし他民族・他宗教に対する攻撃的敵対感情」といったところだろうか。

いずれにせよ新渡戸は、この小論において「自分の国を他の国々の敵とすることによって自国を讃えようとする者は、憐むべき愛国者である。」と厳しく批判するのである。

新渡戸はナショナリズム（nationalism）やナショナリスト（nationalist）という言葉はあまり使わず、パトリオティズム（patriotism）、パトリオット（patriot）という言葉を使うことが多い。パトリオティズムは日本語では祖国愛、愛国心であるが、わが国の現実政治では、国家主義的立場から「愛国心」を強制する動きがあるので、「国家主義」という意味でのナショナリズムと区別がつきにくくなっている。

それはともかくとして、上記の論稿から、新渡戸は、愛国者であれば外国とくに地理的に近い所（ここでは朝鮮・中国）を愛さねばならず、排外主義などもってのほか、と考えていたことが分かる。同時に、国際心（internationalism）を持つのは大事だが、そのためには、まず自分の国のことを良く知り、祖国に根を下ろした行動をすること、そのうえで世界に目を向け、この国がどのようにして人類の平和と福祉に貢献できるのか、考えるべきとするのである。また世界を知れば、日本のことをさらに良く知ることができる、として愛国心と国際心の相互作用を指摘するのだが、文脈から言って、「はじめに愛国心ありき」であることは明らかであろう。

翻って現代の日本では、ネット右翼や在特会（在日特権を許さない市民の会）などの排外主義的「愛国主義者」が、中国・韓国・北朝鮮にヘイト・スピーチを浴びせているが、新渡戸ならどう言うだろうか。

体制迎合的知識人への警世

『英文大阪毎日』一九三〇年六月七日付けに上記小論を発表した三カ月余り後の九月二六日、新渡戸は同紙の「編集余録」に「事実を恐れる」と題する短文を寄せているが、その中で次のように書いている。

「超愛国主義（ultra-patriotism）は、学問の真の進歩を妨げる。（中略）人間精神の進軍を制限する道標などあってはならない。控え目の結論、利害のからんだ論議、気に入った主張を支持する証明――これらはみな知性の裏切りであり、道徳的臆病である。たとえ何であろうと、自分の国の誤りを矯正し、直せ。いつわりの口実でその誤りを弁護することは、それを深刻化し、いっそう黒々と染めることにしかならぬ。

真理と正義とは、最大の国益（greatest national interests）よりも大である――あるいは、もしなおも自分の国の次元に下したいというのなら、真理と正義は国家の最大の資産である。」（『全集』第二〇巻、一四二頁、傍線は引用者）

この一文が書かれた一九三〇（昭和五）年は、治安維持法（一九二六年制定、一九二八年改定）下で、言論界が萎縮していた時代である。一九二八（昭和三）年にはいわゆる三・一五事件があり、共産党員の一斉検挙があった。他方で、軍国主義が増長し、自由主義者といえども、身の安全が不安な時代であり、知識人の多くは体制に迎合して、本来の主張を捻じ曲げるような現実があった。いつの時代でも体制に積極的に協力する御用学者や、自己保身と「道徳的臆病」から政治的発言を控える知識人が存在している。そうした人たちに対して、新渡戸のこの短文はまさに〝寸鉄人を刺す〟ものがある。

しかし、新渡戸のこの警世にもかかわらず、時代は「真理と正義」よりも「最大の国益」である中国侵略に向かい、一九三一（昭和六）年九月には満州事変が、一九三二年一月には上海事変が引き起こされた。そして、この二つの「事変」を境に、新渡戸の主張は微妙に変化してくる。軍部が主導した傀儡国家・満州国の建国を結果的に擁護する立場に変わってくるのである。

新渡戸ファンからみれば、これは「不都合な真実」であるが、事実は事実として認めるのが学問的立場である。この点に関しては浅田喬二が『日本植民地研究史論』（未来社）（第一章　新渡戸稲造の植民論）で鋭く抉っている。

なお、浅田氏は同書の中で、「かれ（新渡戸）は、満州事変を境にして、国際主義者としての側面を大きく後退させ、ナショナリストとしての側面を大幅に強化したのである。」と述べ、「変節」の論拠として一九三三年五月一六日付けの『英文大阪毎日』「編集余録」に執筆した「国際心あるナショナリスト」（"international nationalist"）という、以下の短文を取り上げている。

「良き国際家（good international nationalist）は良きナショナリストでなければならぬ。そしてその逆もまたしかりである。言葉自体にその含みがある。自分の国に忠実でない人が、世界の原則に忠実だと信頼されるわけがない。自分の国に奉仕してこそ、国際主義の大義に最もよく奉仕できるのだ。他方、ナショナリストも、国際心を備えてこそ、最もよく自分の国の利益を進め、名誉を増すことができるのである。」（『全集』第二〇巻、六二九頁）

この一文に対し浅田氏は、「ここでは、International nationalist としての新渡戸の立場は守られているが、どちらかといえば、かれのナショナリストとしての側面が強くでている。それは、『自分の国に奉仕してこそ、国際主義の大義に最もよく奉仕できる』、と論述しているからである。」と言う。

だが、この指摘に私は異論がある。新渡戸は一貫してナショナリスト・愛国者であり、自国に対する奉仕を第一に考えたうえで、その延長線上に国際主義者としての側面を強化していったからである。

愛国心より憂国心

ここまでの論述から、新渡戸がまずは祖国・日本をこよなく愛するナショナリスト（国民主義者）であり、その延長線上に国際主義者としての人物像が形成されたことが明らかになったものと思う。このことは、新渡戸が晩年（一九三二年）、「国際協力の発展」をテーマに米国ウィリアムズタウンの〝政治研究所〟で行った講演で、最終的に証明される。なお、この講演は、『日本文化の講義』（*Lectures on Japan*）付録Bとして『全集』第一五巻（英文）に収録されている。

We can be international only when we are national. Take away national from inter-national, and one has only an "inter", a "between" space, into which to fall !

「われわれは、自分たちがナショナル（国民的・愛国的）であってはじめて、インターナショナル（国際的）になりうるのである。インター・ナショナルという言葉からナショナルを取り去ると、ただ『インター』だけが残る。つまり、『中間』の空間だけが残り、そこにわれわれは落ち込んでゆく！」（『全集』第一九巻、三九三頁）

なお、「日本文化の講義」の本文（第一九章　日本人の国民的特徴）には、愛国心にかかわって次のような指摘がある。

「『めんどりがそのひなを集める』――これは、〔父として敬う〕〝愛国心〟というよりも〔母として気づかう〕〝憂国心〟と呼ぶ方が適当ではあるまいか？　わが国の言葉には、中国語に発したものに憂国というのがあるが、憂は〝悲しみ〟または〝嘆き〟を意味し、国《こく》は、国家を表している。」（『全集』第一九巻、三四九頁）

冒頭の言葉は、「めんどりが雛を羽の下に集めるように、わたしはお前の子らを何度集めようとしたことか。」（マタイによる福音書24章37節）からの引用であり、非道のエルサレムに対するイエスの嘆きの言葉である。〔　〕の言葉は、訳者である佐藤全弘氏の注釈である。

新渡戸自身は、〝愛国心〟と〝憂国心〟の微妙な相違に関して、次のように述べている。

「人が国を愛する時に、母性的な愛か、父性的な愛かのいずれの形をとるかは、その表現のしかたを求める個人の性質や状況に左右されるだろう。内向的な性質の場合、彼らの国家愛は女性的な形をとるであろう。一方、外向的な人たちは、男性的な態度が支配的となろう。外国との紛争が係わってきた状況下では、男性的な特質の愛国心が呼びさまされ、そして必要となろう。あるいは、大きな国家的な変革が迫っているときには、雄鶏が合図の鳴き声を立てる。しかし、国民生活の日々の雑事の中で、平凡な日常の仕事をこなし、幸福な生活を平穏に求めている時、自分の国を真に愛する者ならば、自分の国の悲しみや罪や、社会制度の不完全さ、法の不公正さ等に気づいていないとか、鈍感であるなどということはありえない。そうすれば、彼の心配心や同情心は母性的なやり方で表現されることであろう。（中略）愛国心が侵略的になりやすく、少しでも無礼のしるしがみえれば、打ってかかりがちなのに対して、憂国、母性心は友情を育てる優しい議論に必要な柔軟さと従順さを備えている。」（『全集』第一九巻、三五〇頁、傍線は引用者）

この文脈から、新渡戸は「愛国心」よりも「憂国心」に自身を重ねていることが分かるだろう。本稿の冒頭に私が新渡戸のことを「憂国の士」と呼んだ所以である。

翻って、「自分の国を真に愛する者ならば、自分の国の悲しみや罪や、社会制度の不完全さ、法の不公正さ等に気づいていないとか、鈍感であるなどということはありえない。」という新渡戸のここでの指摘は、現代の東アジアの状況にもそのまま当てはまる。挑発的な北朝鮮の姿勢はもちろん批判されるべきだが、〝目には目を、歯には歯を〟といった敵対的な米日両国の姿勢では、戦争の危機を深めるばかりである。むしろ、わが国の軍事力増大や憲法解釈を変更しての日米の軍事的連携の強化が、隣国に対して必要以上の警戒心を呼び起こしていることに、もっと敏感になるべきではないだろうか。

一歩間違えば「愛国心」は、排外的・好戦的な愛国主義・国家主義に転ずる。これに対し「憂国心」は、慈愛に満ちた母のような心で、わが子と国の将来を案じ、時には叱責するのである。

ここでは、新渡戸による前掲「愛国心と国際心」の一節と、日本国憲法前文の一節を引用することで、小稿の結びとしたい。

「もし世界を愛するならば、どうしても世界で自分にもっとも近い所を、一番愛せずにはいられない。」

「われらは、全世界の国民が、ひとしく恐怖と欠乏から免かれ、平和のうちに生存する権利を有することを確認する。

われらは、いづれの国家も、自国のことのみに専念して他国を無視してはならないのであつて、政治道徳の法則は、普遍的なものであり、この法則に従ふことは、自国の主権を維持し、他国と対等関係に立たうとする各国の責務であると信ずる。」（傍線は引用者）

【付記】　本稿は、『新渡戸稲造と札幌遠友夜学校を考える会会報』第五号（二〇一七年六月）から一部修正して転載しました。

第7章　現代に示唆する新渡戸稲造

はじめに

二〇〇四年に五千円札から新渡戸稲造の肖像が消え、樋口一葉に代わりました。新渡戸五千円札は二〇年間使用され、その当時では新渡戸稲造への関心も高かったのですが、最近では年齢が低い層を中心に彼のことを知っている人は少なくなったような気がします。そこで、以下に新渡戸稲造の略年表をつくってみました。独断的ですが八期に分けて活動と業績の要点をまとめましたので、参照してください。

七一年の新渡戸の生涯で、世間的によく知られているのは、『武士道』の出版（英文初版は一九〇〇年）、および国際連盟事務次長としての仕事（一九二〇～一九二六）です。しかし、全二三巻に収録されている彼の著作をみるかぎりでは、私は一九一二年の *The Japanese Nation*（邦訳『日本国民』）と一九三二年の *Lectures on Japan*（邦訳『日本文化の講義』）に注目しています。いずれ

新渡戸稲造略年表

1期（1862〜1877） 1862（文久2）年盛岡で南部藩士・新渡戸十次郎の三男として生まれる（旧暦8月8日、新暦9月1日）、幼名は稲之助 1871年上京（叔父の太田時敏の養子に。新渡戸姓に復帰するのは長兄が死亡した1889年） 1873年東京外国語学校入学

2期（1877〜1891） 1877年札幌農学校入学 1881年卒業、開拓使御用掛勤務 1883年東京大学入学 1884年米国留学（ジョンズ・ホプキンス大学等） 1887年ドイツ留学（ボン大学・ハレ大学等） 1891年米国でメリー・エルキントンと結婚、帰国（30歳）

3期（1891〜1898） 1891年札幌農学校教授 1894年「札幌遠友夜学校」創設 1898年札幌農学校退職

4期（1898〜1906） 1898年『農業本論』出版、農学博士に 1900年*Bushido*出版 1901年台湾総督府勤務、糖務局長に 1904年京都帝大法科大学教授、1906年法学博士に

5期（1906〜1913） 1906年第一高等学校校長 1911年日米交換教授で渡米・連続講演（約10カ月）〔*The Japanese Nation*〕 1913年第一高等学校長辞任

6期（1913〜1920） 1913年東京帝国大学教授（植民政策学担当）『婦人に勧めて』など大衆向け著作相次いで出版 1918年東京女子大学学長

7期（1920〜1926） 1920年国際連盟事務次長 1926年国際連盟退職、貴族院議員に

8期（1926〜1933） 1928年『東西相触れて』出版 1929年毎日新聞社編集顧問、太平洋問題調査会理事長 1932年松山事件 1932年アメリカの大学で連続講演（約1年間）〔*Lectures on Japan*〕 1933年カナダで逝去（10月16日、享年71歳）

もアメリカの大学で長期間にわたって講義したものですが、そこには「日本人とは何か」ということについて、米国の人たちに理解してもらおうという、懸命な努力がみられるからです。

この二つの連続講義のほかに新渡戸は「日本国と日本人の特質」を紹介するための著作を英文で表しています。一九〇〇年の*Bushido*もその一つですが、それだけではありません。章末に新渡戸の「日本論、日本人論」ともいうべき著作

を挙げておきましたので、参考にしてください。

新渡戸五千円札には太平洋を中心とした地球の姿が図案化されています。これは「われ太平洋の架け橋たらん」という新渡戸の業績を象徴するものですが、そこに示されるように新渡戸の生涯は、祖国日本の実像を国際的に紹介し、理解を得るために費やされたといって良いでしょう。

この講演では、そうした新渡戸の業績から、現代の日本国と日本人は何を学ぶべきなのか、という大局的視点から話をしてみたいと思います。

「日本人」の再認識

単一民族説と混合民族説

明治維新で誕生した新政府は、天皇を絶対君主として権威づけるために、記紀神話から大和民族は天孫降臨民族であり、天照大神に起源を有する天皇が統治する特別な民族であるとしてきました。いわゆる皇国史観です。日本人を大和民族とする単一民族説は、第二次大戦後も日本人の思想から払拭されず、現在でも保守的な人たちは神社神道への礼賛とともに固く信じているようです。

では新渡戸はこうした単一民族説について、どう見ていたのでしょうか。章末の文献②『日本国民』第四章「民族と国民性」の中では、こう言っています。

「温暖な大空の下、風光明媚な列島は、灼熱の南洋や極寒の北方から、また大陸の同緯度地方から、さまざまの民族を誘い寄せたとしても当然である。」

「マレー族や中国民族が日本沿岸に達する以前に、数も多く、アイヌ族として知られる、多毛な北方系の一民族が、日本全土を所有していたようである。とすると、アイヌ族が日本列島の原住民だったのか。（中略）確かなことは、アイヌはかつて列島全体を所有していたことで、これは、彼らがあとに残した地名から知られる。時がたつにつれ、アイヌ族自身がだんだん北方へ追われ、今ではただ一握りだけ、人口約一万八千人が、北の北海道に住んでいる。（中略）誰がアイヌ族を追っ払ったかは、はっきり答えられぬ問いである。しかし、おそらく朝鮮人に類する部族が日本海を渡ってきたのだろう。そして、文明がはるかに進んでいたので、アイヌの領土を支配するに至ったのだろう」

日本列島の先住民族をアイヌ人とし、その後マレー人や中国人・朝鮮人が流入して「日本人」になったという混合民族説は、新渡戸が『日本国民』の講義を行った明治末期の日本の人類学会では通説であったようです（小熊英二『単一民族神話の起源』一九九五年）。もっとも、日本が軍国主義・対外侵略を強めていく昭和初期以降では再び単一民族説が強まり、いわゆる「八紘一宇」「大東亜共栄圏」思想が日本全体を席捲するようになります。

アイヌ人は日本列島の先住民族

アイヌ人＝先住民族説は、現在では日本政府も「日本列島北部周辺、とくに北海道」という限定つきですが、公認するようになりました。今年（二〇一八年）は北海道命名一五〇年の年ですが、探検家・松浦武四郎が原案として例示した「北加伊道」の「カイ」は、アイヌ語で「この国に生まれたもの」という意味だそうです。

北海道だけでなく東北にもアイヌ語由来の地名は多いのです。例えば、「気仙沼」はアイヌ語のケセモイ（終点の湾）、「久慈」はアイヌ語のクチ（断崖のある所）から名付けられたという説がありす。別（アイヌ語で大きな川）、内（同、小さな川）の付く地名は北海道に多いですが、東北にも少なくありません。

さて、新渡戸は前述のように「アイヌはかつて（日本）列島全体を所有していた」とし、その地に「おそらく朝鮮人に類する部族が日本海を渡ってきたのだろう」と推察しています。これが縄文時代から弥生時代への橋渡しになったのかどうか、専門外の私には分かりませんが、いずれにせよ大陸や朝鮮半島との人々との往来は古くからあったものと思われます。

中国・朝鮮との密接な関係

日本への中国人・朝鮮人の渡来とその影響について、新渡戸はこうも述べています。

「朝鮮人と中国人が大量にわが国に移住し、つづいて帰化した（中略）これは五世紀あるいはそれ以前に始まり、数百年間続けられた。最も古い記録――古事記（七一二年）および日本書紀（七二〇年）――に朝鮮と中国の人々の渡来の実例が豊富にある――使節、画家、学者、高僧等である。彼らはこの国に定住し、広い居留地が設けられた。たとえば五四〇年に秦人七、〇五三戸が南方の地域に集落をなしていたことが述べられている。五八三年頃には、三〇〇人船に満載して百済人が渡来し九州に定住した。これらの時期に先立ってさらに多くが大陸から日本の島々に渡来したこともあり得る」（「日本文明における外来の二潮流」一九二九年、文献④）

平城京・平安京の建設も朝鮮・中国人の助力がなければ不可能でした。

「八世紀ころの日本人が外国人の助力なしに奈良の都を設計し建設することが、はたして可能であったろうか（中略）大建築物の建造に従事した主要な設計者、技師、職長、そして多分、多くの労働者たちは、そのほとんどがおそらく朝鮮人や中国人であったといってよい。彼らの多くは日本に長期間、疑いなく定住したし、彼らの一部には日本人の名前を自分につけた者もいた。（中略）彼らの大部分は帰化した日本人であったし、また、日本人と自由に婚姻関係を結んだ」（文献⑥二章「日本が中国に負うもの」）

「九世紀初めの国勢調査では、当時の平安京住民の三一％が外国人（朝鮮人・中国人）であった。当時の都会地域と農業地域には、中国大陸から移住してきたすべての階層の家族が住みつき、日本語に大陸の言葉を導入していった。」（同上）

日本で広く浸透している仏教も、朝鮮半島経由で六世紀中ごろ（五三八年または五五二年）に日本に伝来したとされています。聖徳太子が仏教盛隆に尽力したことは良く知られています。奈良県の唐招提寺も七五九年に唐の高僧鑑真が建立したものです。

日本は、朝鮮半島では百済《くだら》との関係が強かったようです。「紀元三八四年には、朝鮮の使節で阿直岐《あちき》（注：百済の王子）という人が、孔子の古典を日本に初めてもたらした。」（文献⑥）とのことで、これ以降、儒学は日本の支配階級に不動の地位を占めるようになりました。

また新渡戸は触れていませんが、朝鮮通信使の果たした役割も大きいものがありました。これは室町時代に始まり、朝鮮を侵略した豊臣秀吉時代に中断されましたが、徳川家康が再開し、以後一二回実施されています。朝鮮通信使は、日本海・瀬戸内海を船で航行して各地に寄港、大阪に上陸して東海道を江戸に向かったようで、その様子を描いた絵画は文化遺産になっています。朝鮮通信使は多くの大陸文化を鎖国の日本に伝えてくれたのです。

日本人の精神的特質

新渡戸は外国人に向かって、日本人の精神的特質について、いくつかの指摘を行っています。ここでは、現代の日本人にも見られる特質を三つだけ紹介します。

直観力と選択的模倣

「非常に多くの場合に、日本人が表現してきている模倣の才能は、通常、より優れたものを察知したり、それを取り入れようと試みた直観の結果から生まれたものである。道徳的な行動の分野においてさえも、われわれは、素早く、正しいものと間違っているものを察知し、また、本物と偽物の区別をつけているのである。」（文献⑥七章「旧い日本の道徳観念」）

「模倣とは、原物を全くそのまま複製する代わりに、人の要求や趣味を満たすに必要な面のみを識別して選ぶことが、良い模倣となるのである。」（同上）

「一民族が他民族のなしとげた優秀な成果を自由に取り入れ、自民族とその才覚にそれらを加えることは、まさに賢明なことである。」（文献④）

日本人は「模倣の才」に優れていると言われます。これは日本人のマイナス面とみる見方が多いようですが、新渡戸はこの才能を、モノの良し悪しや、本物・偽物を選択・判断する直観力の現れとして、積極的に捉えています。また模倣自体は、他国への文明の伝播であり、否定できるものではありません。

鋭敏な知覚力と現実主義

「私には、日本民族が、主としてこの鋭敏な知覚力を備えていることから、現実主義に傾くきらいがあるように思われる。一般に知られた諺――たとえば『論より証拠』とか、『百聞は一見にしかず』などは、実際的なメンタリティ（考え方）を証拠だてるものである。」（文献⑥七章「旧い日本の道徳観念」）

「わが民族は聴覚型では決してなくて、むしろ断然、視覚型なのである。そして、そのことがわれわれを理想主義よりも、むしろ現実主義の立場に立たせるのだ。なぜなら、現実主義は主としてわれわれが目に見るものに基づくものだし、理想主義はわれわれが耳で聞くものに基づいているからではなかろうか？」（同上）

これらは非常に深みのある指摘です。新渡戸は、日本人は「鋭敏な知覚力」を備えているとのべているのですが、「知覚力」とは原文の英語ではPerceptionです。これは、五感、すなわち視覚、聴覚、味覚、臭覚、触覚のことです。このうち新渡戸は視覚と聴覚を重視し、日本人の精神的特質を見ようとしていることが窺えます。

新渡戸は、日本人は「視覚型だから現実主義に向かう」と言っているようですが、その対比として「聴覚型は理想主義に向かう」とみているようです。後者のタイプは、欧米人を想定しているように思われます。

では、「視覚型」（日本人）と「聴覚型」（欧米人）は具体的にどこが違うのか。視覚は、目で見たものを直感的に判断し、それが行動への動因になります。危険なものがあれば、危ないと判断して避けようとする。それはまさに現実主義的な行動です。「視覚型」の日本人は、「百聞は一見にしかず」とか「論より証拠」の諺のように、耳で聞いてあれこれ論ずるよりも、目で見たもので良し悪しを判断して行動するのです。これが現実主義です。

他方、「聴覚型」の欧米人は、耳で聞いて頭の中でいろいろ考え、判断する。そこでは論理や実体験が重要です。そうした思考過程を経て選択した行動は理想主義（もっとも良いと考えられる行動）に近くなります。

こうした整理はあくまで「典型」（理念型）であって、現実は日本人も欧米人も両タイプの性格が絡み合っています。例えば日本では、憲法九条の改正論議を巡っても、理想主義（戦争放棄）と現実主義（自衛力・抑止力）がぶつかっています。しかし、核兵器やミサイル飛来、島嶼占領の危機が迫れば、「現実主義」が力を増していくことでしょう。

現代の日本人の政治意識を俯瞰すれば、感覚的認識に留まって理性的認識に向かわない人たちが多いように思われます。現実主義が理想主義に勝っているのです。一方で、吉野源三郎著の『君たちはどう生きるか』が、中高生の間で読まれているように、人生や科学的思考の重要性に目を向ける若者も増えていることに注目したいと思います。

他人を気にする、共同体志向

「皆さん（注：米国人）は個人主義的であることから、自らの利益を守ることに力を入れて、自分の権利を主張するのである。共同体主義的なわれわれは、自らの利益を他人のそれに融合させ、義務の方にもっと重きをおくのである。（中略）われわれにとっての教訓は、ある一家の関係者に、より貧しいメンバーがいたり親戚がいたりすれば、その家族全員が協力して、その人たちの面倒をみるということであった。」（文献⑥一七章「日本と米国」）

「皆さんは、『自分が主人である』という発想をおもちだから、われわれほどには他人の意見を気にしない。一方、われわれは、自分を他人の召し使いとは考えないが、それでも他人が何を言い何を考えるかに、たいへん敏感である。」（同上）

ここで述べられていることは、あらためて解説が不要な日本人の日常です。最近では、若者の中で「空気を読む」という言い方が定着していますが、これは日本人の共同体志向の現代的表現です。他人を気遣うと言えばカッコいいですが、実は自分の意志がないか、抑制しているわけで、自律的精神からはほど遠いものです。他人や全体の意見に付和雷同しているだけでは、個々人の知性はけっして磨かれません。

タイタニック号のジョークにありますが、遭難者を収容した小船が満杯で沈没しそうになった時、船長が米国人には「飛び込めば英雄になる」、英国人には「紳士は飛び込む」、ドイツ人には「命令だから飛び込め」と言ったうえで、日本人に対しては「みんな飛び込んでいるよ」と耳元で囁きました。日本人の精神的特質を良く示すジョークです。

武士道――戦後日本国民の道徳的覚醒

新渡戸稲造は名著『武士道』を書いて、日本人の精神的特質を世界に紹介しました。その精神は、義、勇、仁、誠、礼、忠義、名誉、克己などですが、ここでは義、勇、誠について取り上げ、武士道精神が第二次大戦後のわが国で、いかに失われつつあるかについてお話したいと思います。

義または正義、および勇気

武士道精神の核心は「義」です。これは「正義」または「節義」と言い換えてもかまいません。新渡戸は『武士道』の中で、勤王の志士・真木和泉の、「節義とは、例えていえば、人の体に骨があるようなものである。骨がなければ首も正しく胴体の上に座っていることができない。それと同じように、人には才能があってもまた学問があっても、節義がなければ世に立つことができない。」との言葉を引用し、義がなければ人として生きることができないとしています。とくに武士は身分が高い階層ですから、不正義があってはなりません。「武士にとって卑劣な行動や不正な行為ほど忌むべきものはない。」（文献①）のです。

しかし、「正義」感を心の中にもっているだけではだめで、不正義をみつけたら勇気をもって実行しなければ、義に生きることにはならないのです。すなわち「義を見てなさざるは勇なきなり」「勇気とは義をなすこと」（同上）なのです。

現代の日本人は、義や正義感は心の片隅にはあるが、勇気をもって実行しようとしない人がほとんどです。すなわち見て見ぬ振りをするのです。気骨のない知識人・ジャーナリスト・政治家がなんと多いことでしょうか。彼らは他人の目を気にし、真実を語れば、排除される恐れを常に持ちながら行動しているのです。役人や会社員は、目上の者に対する忖度があり、自己保身を図ろうとするのが一般的です。武士道の義と勇気はどこにいったのでしょうか。情けないことです。

真実および誠実

『武士道』の七章は「真実および誠実」です。訳書によってはこの章を「誠」としています。新撰組の隊旗にある「誠」です。

広辞苑で「まこと」を引くと、「真・実・誠」という言葉が出てきます。その第一の意味は「真実なこと、うそでないこと」で、「人に対して親切で欺かないこと」の意味もあります。

「この世のあらゆるものは、誠に始まり誠に終わる。誠はあらゆるものの根元であり、誠がないとすれば、そこにはもう何もあり得ない」――これは『武士道』で引用されている孔子の言葉です。

「嘘の言葉と逃げ口上は、ともに卑怯なものとされてきた。武士は社会的地位が高いのだから、農民や商人よりも誠実であることが要求された。『武士の一言』というのは、（中略）それだけで、言われたことの内容の真実性は十分に保証された。」（文献①）。「武士に二言はない」のです。そして武士が二言、すなわち嘘をついたり、二枚舌を使った場合には、死をもってその罪を償いました。

他方で、現代の「武士」であるはずの政治家や官僚に、いかに「二言」が多いことか。文書改ざん、隠ぺい、偽装が発覚しても、責任を取らない大臣――武士道の「誠」の精神は地に落ちています。

武士道については、明治維新以降に教育勅語や軍人勅諭等に利用されたこともあって、戦後においては否定的空気が強くなりました。しかし、そうした「武士道」は、「武士道と云うは、死ぬ事と見付たり」という、佐賀鍋島藩士・山本常朝口述の『葉隠』にある「武士道」です。これに対し「新渡戸武士道」には普遍的道徳ともいうべきものが含まれています。「義」「勇」「誠」に加え、「仁」（憐みの情）「礼」などは、世界に通底する普遍的道徳と言ってよいでしょう。

戦後日本の道徳的覚醒のために、「新渡戸武士道」を学ぶ必要性はけっして薄れていません。

神道と愛国主義

新渡戸稲造はキリスト者でありながら、日本の在来宗教である神道や仏教について深い知識を持っていました。ザックリ言うと、仏教についてはたいへん好意的でしたが、神道については批判的でした。その一つの理由は、神道が明治維新を契機に天皇制国家に組み込まれ、日本的集団主義、国家主義の核になったことにあるように思われます。

民族宗教としての神道、偏狭な愛国主義

新渡戸は、一九一二年の米国での講義の中で、神道を次のように特徴づけています。

「神道の教え込む崇敬――わが神々が住まい、わが父祖の休らう国土への愛、旧きもの一切への尊敬、自然とその一つ一つの物に対する愛着――については、およそわが神道を凌ぐ宗教はない。そのアニミズムは、石にすら有情の生を付与して、われわれから愛着感を引き出した。その汎神論と多神教は、空にも、陸にも、水にも、われわれの尊敬を呼び起こす存在を一杯にしてきた。この自然に対する態度は、われわれの心の中へ、国土への愛、愛国心の本能をしみこませる。こうして、自然崇拝から発して、神道は一個の民族宗教となる。神道はその思想もその教えも民族的である。それゆえ、その愛国心は、たやすく偏狭な愛国主義に堕する。その忠誠心は奴隷的服従に堕落するおそれがある。神道が破廉恥漢の手にかかると、直ちに一個の政治的エンジンとなることもある――そうしたものとしては、まことに神道は強力なエンジンとなりうる。」（文献②五章「宗教信念」、傍線は引用者）

文中のアニミズム（animism）とは、生物・無生物を問わず、その中に霊魂《アニマ》が宿っているという世

界観です。八百万神《やおよろずのかみ》と言うように、神道ではカミにならないものはありません。天照やニニギノミコトなど記紀神話に出てくるカミや歴史上の人物だけでなく、山、川、樹木、岩、動物など自然界にある多くのものを崇拝と信仰の対象にしてきました。とくに地域の自然は村人の住環境と不離の関係にあり、ムラの安寧を維持するものとして崇拝の対象でありました。その代表例が鎮守の森です。

新渡戸はそうした自然崇拝から発する宗教は容易に民族宗教になる、それが日本独特の宗教である神道だと言うのです。そして民族宗教であるがゆえに、その思想や教えに愛国心があり、政治的に利用される恐れがあると言います。

新渡戸は「偏狭な愛国主義」という言葉を使って、明治の国家体制とは表向き区別しているようにも見えますが、別な箇所では「神道が現存の王権権力と結託し、人間を神とした」ことを厳しく批判しています（文献②）。

ともあれ、こうした神道と愛国主義との結びつきへの批判は、明治末期の米国での英語による講義だからこそ言えたことであり、昭和一〇年代には「危険思想」扱いされたかも知れません。

教育勅語に関する新渡戸の解釈と評価

新渡戸の「偏狭な愛国主義」批判は、昭和初期の著作にも出てきますが、明治末期（一九一二年）の米国での連続講義（*The Japanese Nation*『日本国民』）のそれは根元的です。この講義では教育勅語（一八九〇年）について、次のように言っています。

「この勅語は、現在、学校での道徳教育一切の基礎をなしている。（中略）われわれの忠は、われわれの主人に対する関係で終わってはならぬ。われわれの誠実は、われわれの隣人との対応に限られてはならぬ。われわれの仁慈に地理的境界があってはならぬ。われわれは単に臣民たるに留らない。市民でもある。しかも、単に日本の市民であるばかりでなく、世界共同体の市民でもある。」（文献②七章「教育および教育問題」）

「わが国では数年の間、奇妙な迷信がはやった。すなわちわれわれは『独特の』民族であり、わが歴史は他の民族の歴史とは異なっている――というのはもちろんすぐれているという意味――、そしてわが倫理思想は独一無二にして優秀だ、という迷信である。こういう調子で、熱狂的愛国主義者は、わが民族の道徳的独自性を説きつづけてきた。こういう奇妙な仕方で、旧い島国的鎖国の亡霊がまたもや現れ出てきた。しかし、朝が来ると幽霊は退散するのだ。」（同上）

「朕惟フニ我カ皇祖皇宗国ヲ肇ムルコト宏遠ニ」で始まる教育勅語が、新渡戸によってこのように直截的に「解説」されるとは、明治政府の中枢には思いもよらなかったことでしょう。繰り返しますが、これは米国の大学での英語講義であったからこそ可能であったものであり、八紘一宇を掲げて大東亜共栄圏を目指した昭和一〇年代の日本では、あり得ない表現です。

国家神道は解体したが

新渡戸は「国家神道」という言葉は使っていませんが、「偏狭な愛国主義」や「熱狂的愛国主義」については厳しく批判しています。他方で明治天皇以降の歴代天皇については非常に親和的です

国家神道は、明治維新後に始まり、大日本帝国憲法（一八八九年）、教育勅語等によって天皇制に組み込まれ、国民の生活意識に広く深い影響を及ぼすようになります。そして日中戦争が勃発した一九三七年に文部省思想局は『国体の本義』を編纂し、教育のみならず国民の思想統制の基礎に国家神道を置き、天皇を神格化しました。

敗戦によって日本の統治者になったGHQ（連合軍最高司令官総司令部）は、一九四五年一二月に「神道指令」を布告して神道と国家を切り離し、それを受けて一九四六年一月に行われた天皇の「人間宣言」によって、国家神道は解体しました。その後、一九四六年二月に宗教法人法によって神社本庁がつくられ、伊勢神宮を本宗として全国約八万の神社が同法人に加盟しました。

一九四七年五月施行の新憲法によって天皇制は「日本国および日本国民統合の象徴」として残り、宮中三殿では従来通りの神道形式の諸行事が行われています。国民意識の中にも象徴天皇制は深く浸透し、多くの国民が行っている神社参拝と共に、神道と天皇制の存在に違和感をもつ人は少なくなっているように思います。

しかし、戦前の大日本帝国憲法のような神聖天皇に郷愁を持ち、その復活を求める勢力は神社神道

の関係者を中心に戦後も根強く存在し、一九九七年には神社本庁を事務局に「日本会議」が発足しました。さらに自民党国会議員を中心に日本会議国会議員懇談会もつくられ、天皇元首化と九条改定を軸とする自主憲法制定の運動がこの団体によって行われています。

「人格」観念とキリスト教

帝国憲法下の「人」の位置

大日本帝国憲法の下では、天皇は「神聖にして侵すべからず」存在であり、日本国民は「万世一系の天皇」によって統治される大日本帝国の「臣民」でした。臣民とは、君主に支配される民という意味で、しばしば「天皇の赤子」とも呼ばれました。また一八九八（明治三一）年制定の旧民法では、家族の統率者として戸主（通常は男性）を位置づけ、婚姻や養子縁組も戸主の同意を必要としました。家族制度（または家制度）と呼ばれる戸主による家族支配は、江戸時代の家父長制をもとにしており、維新以降の天皇による臣民支配と結びついて、ピラミッド型の人民支配を可能にしました。

こうした統治機構の下では、「人格」や「個人の尊重」という観念は成立しません。人民は天皇および戸長に支配される存在で、個人の自由や人間としての平等は「法律の認める範囲」に限定されました。

明治維新以降、西欧の文明が導入された中で、personalityをどう日本語で表現するか、たいへん苦労したようです。結局、欧米哲学に詳しい井上哲次郎・東京帝国大学教授がpersonalityを「人格」と訳し、この言葉が通用するようになりました。ただし、井上は教育勅語の解説本も執筆し、いわゆる内村鑑三不敬事件では内村批判の急先鋒でもありました。

新渡戸のキリスト教的人格観念

新渡戸稲造は若くしてキリスト教を知り、その後、世界に羽ばたいて西欧人と接してきたことから、人格の尊重、その普遍的価値への認識は、日本人の中では群を抜くものがありました。

一九一八年に新渡戸はキリスト教系の東京女子大学の初代学長になりますが、その最初の卒業生に対して、当時、国際連盟事務次長として赴任していたジュネーブから、次のようなメッセージを送ります。

「本校に於ては基督教の精神に基づいて個性を重んじ、世のいと小さき者をも神の子と見做して、知識よりも見識、学問よりも人格を尊び、人材よりは人物の養成を主としたのであります。（中略）教ふる者も学ぶ者も共に神の前に於ては高きも卑きもなき平等なる僕婢の如き心を以て（後略）」

このように、新渡戸は個人個人を「神の子」と見做して、人間としての平等性を説き、人格形成を知識や学問よりも大切なものとして、教育の基礎に置こうとしたのです。

国際連盟における講演・寄稿等をまとめ、一九二七年にロンドンの書店から出版した*Japanese Traits and Foreign Influences*（邦訳『日本人の特質と外来の影響』）では、次のように書いています。

「そしてなによりもまずキリスト教の影響による人格の観念（これを個人主義と混同してはならないが）、個人個人は出自がいかに卑しかろうと高貴の人と等しく自由で独立した存在であるというこの〝人格〟観念は、不断に東洋に打ち寄せる波濤のうち最も高い波がしらなのである。不幸にして、〝人格〟は東洋の思想体系に欠けていた。人格なくして、道徳的責任の観念があり得ようか。個人的責任感なくして、性格の発達があり得ようか。」（文献③一章「変貌する東洋」、傍線は引用者）

また、一九三一年にこれもロンドンの出版社から出した*Japan: Some Phases of Her Problem*（邦訳『日本――その問題と発展の諸局面』）でも、キリスト教による人格観念への影響を指摘しています。

「われわれは自由を口にする。しかし自由の観念は、キリスト教が人間の意識にもたらした人格性の観念なしに可能であろうか。（中略）人格性についての正しい考えがなくては、自由はただの放縦となる。

われわれは平等を口にする。しかし平等の観念は、一なる〝神は父である〟という信仰から出てくる、人間は皆兄弟だという観念がなければ、可能であろうか。」（文献⑤七章「日本人の思想生活」）

キリスト教になじみのない方に少し解説しておきますが、旧約聖書「創世記」では、人は自分に似せて神によって造られたとしています。それゆえ、神によって造られた者＝被造物として、あらゆる人間は性別・人種にかかわらず平等で、等しく価値があり、神に愛されている存在として理解しています。新約聖書では、神から派遣されたイエス・キリストと弟子たちの活動を描いています。人間は罪から逃れることができず、救い主であったイエス・キリストを十字架刑にしてしまうが、イエス自身はその後復活し神のもとに還る。キリストの死は人々の罪の贖《あがな》いのためであり、人々はキリストと神への信仰によって罪から解放される、というのがきわめて大雑把なキリスト教の教えです。

キリスト教的人間観のポイントは、どのような人間であっても神のもとでは平等であり、価値があるということです。また、神の被造物としては、人間はすべて兄弟であり、お互いに愛し合わなくてはならないのです。

こうした人間観は、天皇の赤子として、天皇のために死ぬことを厭わない大日本帝国憲法下の人間観とは著しく異なります。

日本国憲法・教育基本法と「個人の尊重」

第二次大戦後に制定された日本国憲法では、「すべて国民は、個人として尊重される。」（第一三条）としました。そして第一四条では、「すべて国民は、法の下に平等であって、人種、信条、性別、社会的身分又は門地により（中略）差別されない」ことを明記しました。門地とは名家などの家柄のことです。

また、戦前においては戸主の同意なしにはできなかった婚姻も「両性の合意のみに基づいて成立し、夫婦が同等の権利を有することを基本として、相互の協力により、維持されなければならない。」（第二四条）とし、民法も一九四七年に改正されました。

さらに戦前教育の基礎にあった教育勅語も衆参の国会決議で無効になり、一九四七年に教育基本法が制定されました。この法律の作成過程においては、南原繁など新渡戸の教え子たちが大きな役割を果たしました。

教育基本法第一条の「教育の目的」には、「教育は、人格の完成をめざし、平和的な国家及び社会の形成者として、真理と正義を愛し、個人の価値をたつとび、勤労と責任を重んじ、自主的精神に充ちた心身とも健康な国民の育成を期して行われなければならない。」と規定しています。

帝国憲法や教育勅語にはない「人格」という言葉が使われ、「人格の完成をめざす」ことが、教育の第一の目的になったのです。また教育目的の中には「個人の価値をたつとび」という表現がありますが、日本国憲法第一三条の「個人の尊重」と共に、国家の一員としての「人」ではなく、「自由で独立した存在である」個人の尊重を、人権と教育の柱にしたのです。

こうしてキリスト教に基づく新渡戸の「人格観念」は、戦後レジームの中で全面的に開花したのですが、近年では「教育基本法」の全部改正など逆行した動きも見られます。

愛国心を土台とした平和主義

新渡戸の愛国心と国際主義

新渡戸稲造について多くの人は彼のことを「国際主義者」と呼びます。「太平洋の橋とならん」としての日本文化の発信、国際連盟事務次長としての貢献などを見れば、新渡戸を「国際主義者」と呼ぶのはまったく正当です。だが、そのことを強調するあまり、彼が祖国日本をこよなく愛し、ときには憂うる愛国心の持ち主、ナショナリストであったことを等閑視してはならないでしょう。ザックリ言えば、彼は第一にはナショナリスト、憂国の士であり、その上での国際主義者であったのです。

新渡戸は一九二九年から毎日新聞社の編集顧問になり、それ以降『英文大阪毎日』に毎号、英文のエッセイを寄せていますが、一九三二年のそれには次のように書いています。

「自分の国を愛するならば、自国の生存に欠くことのできぬ国、その国がなければ自国がその存在理由を失う他の国々を、どうしても愛せずにはいられない。また、もし世界を愛するならば、どうしても世界で自分にもっとも近い所を、一番愛せずにはいられない。（中略）真の愛国者にして国際心の持ち主とは、自国と自国民の偉大とその使命とを信じ、かつ自分の国は人類の平和と福祉に貢献しうると信じる人である。国際心を抱こうとする人は、まず自分の足で祖国の大地にしっかりと根を下

さねばならない。」（『英文大阪毎日』一九三二年、「愛国心と国際心」、『新渡戸稲造全集』第二〇巻所収）

また、晩年の講演では、こうも言っています。

「われわれは、自分たちがナショナルであってはじめて、インターナショナルになりうるのである。インター・ナショナルという言葉からナショナルを取り去ると、ただ『インター』だけが残る。つまり『中間』の空間だけが残り、そこにわれわれは落ち込んでゆく！」（「日本文化の講義」付録B、『新渡戸稲造全集』第一九巻所収）

インターナショナリズムが先にあるのではなく、ナショナリズムが先にあるのです。インターナショナリズムは各国のナショナリズムをインター（繋ぐ）ものなのです。引用した「愛国心と国際心」の別の個所では、「愛国心の反対は、国際心や四海同胞心（注：英文ではcosmopolitanism）ではなく、狂信的愛国主義である。」、「自分の国を他の国々の敵とすることによって自国を讃えようとする者は、憐れむべき愛国者である」とも言っています。

新渡戸が、「世界を愛するならば、どうしても世界で自分にもっとも近い所を、一番愛せずにはいられない」と述べていることも注目すべきです。地理的に日本にいちばん近い所は、どこでしょうか。朝鮮半島と中国です。

新渡戸の平和主義と「備え」

現在の日本では、危機に備えるとして軍備増強をめぐる議論がかまびすしいですが、平和主義者（新渡戸は絶対平和主義を信条とするクウェーカー教徒）であった新渡戸は、武装や国防についてどのように考えていたのでしょうか。

「武装することは、相互破滅の備えをすることである。地には平和を、人には善意をもたらすために、人類のあらゆる努力に参与する用意が十分できた心の状態こそ、備えとよばねばならぬ。」（「英文大阪毎日寄稿文」一九二九年、『新渡戸稲造全集』第二一巻所収）

「もっとも費用のかからぬ国防とは、戦争の原因を与えぬことである。戦争の備えをしていると、戦争を招くことになる。（中略）外交といえばすぐ戦争のことを考え、戦争を外交の延長と考えるなら、われわれは戦争にいたるであろう。外交関係における『備え』とは、協力協調であるべきであって、軍備であってはならない。」（「英文大阪毎日」一九三一年、『新渡戸稲造全集』第二〇巻所収）

「『疑いが幽霊を作り出す』とわれわれはいう。戦争心理に狂っている国は、風車でも敵にまわすであろう。」（同上）

危機に備えるための抑止力のみにこだわっていると、相手側も抑止力を高めようとします。それは戦争へとエスカレートする危険性があります。軍備に頼らず、国と国、人と人との良好な協力関係をつくるための「心の備え」こそが、平和を創り出す原動力になる、と新渡戸は言うのです。圧力一辺倒の外交や敵地攻撃能力を高めて「抑止」するのではなく、粘り強く対話を続け、相手国と平和条約を締結することは、もっとも費用のかからない「備え」でもあるのです。

共存と寛容の思想

これまで私は、新渡戸稲造の著作から現代に生かせる知見や思想・考えを紹介してきました。これらはそれぞれ有用なものでありますが、相互の関連が必ずしも明らかではありません。譬えで言うと、団子を貫く串がないのです。その串に当たるのが、これから述べる「共存と寛容」の思想です。

東西相触れて

新渡戸稲造は一九二〇年一月から七年間、国際連盟事務次長としてスイスのジュネーブで過ごしましたが、帰国後の一九二八年に実業之日本社から『東西相触れて』と題する書籍を出版しました。国際連盟時代の思い出や印象をエッセイで綴った平易な書物です。その本の冒頭に書物のタイトルにもなった「東西相触れて」という小文がありますので、その一部を紹介します。

「或は東、或は西と云へば如何にも両者の間に懸隔あるやうに聞ゆる。（中略）近頃世間に用ひらる、左傾右傾の如きも亦同じである。併しこれらは何れも実在するものを指すのでなく、二者の関係を示すに過ぎない。東なくして西はない、西なくして東はない、右があればこそ左があり、左の存在は右を認むるやうなもの。然し少し高き見地より窺へば、何れも反対の観念を示すものでなくして、寧ろ両者の間に共通点あることを教ふるものと思ふ。（中略）思想に於て左傾と右傾とを区別するも、中庸があればこそ両者間に差別が起るのである。故に中道を歩むものから見れば、両者共に区別ある如くして区別がない、共に中庸を維持するものと見るべきである。」（『新渡戸稲造全集』第一巻、一五五頁）

この一文では、明らかに右翼思想とともに左翼思想の存在を認めています。しかも、中道の立場から見れば、両者には区別がなく、「共に中庸を維持するものと見るべき」と寛容な姿勢を示すのです。実際、当時には北一輝のような「純正社会主義」を主張する右翼思想家もおりました。しかし、この著作が出版された一九二八（昭和三）年の政治情勢を考えれば、新渡戸のように左翼を認める主張は、相当な勇気がなければ出来るものではありません。

一九二五年に普通選挙権の付与（といっても二五歳以上の男子のみ）と共に、悪名高き治安維持法が制定されました。同法は「国体ヲ変革シ又ハ私有財産制度ヲ否認スルコトヲ目的トシテ結社ヲ組織」したり、それに加入することを取り締まる法律です。一九一七年のロシア革命を機に広がりつつあった共産主義思想と、一九二二年に結成された日本共産党の活動を抑え込むことが直接の目的でした。治安維持法は一九二八年に改正され、最高刑が死刑になりました。恐るべき左翼運動への弾圧法です。

そうした「冬の時代」に、右も左も中道の立場から見れば同じだ、といった新渡戸の「共存と寛容」の姿勢に、私たちは大いに勇気づけられます。

だが、こうした新渡戸の寛容な姿勢は、一九三二年のいわゆる松山事件によって、右翼から攻撃されるようになります。

いわゆる松山事件

一九三二年二月に新渡戸は愛媛県松山市で、新聞記者を前にオフレコを条件に政治情勢の話をしますが、翌日、ある新聞に次のような新渡戸の談話が掲載されてしまいます。

「毎朝起きて新聞を見ると、思わず暗い気持ちになってしまう。わが国を滅ぼすのは共産党と軍閥である。そのどちらがこわいかと聞かれたら、今では軍閥と答えねばならない。軍閥が極度に軍国主義を発揮すると、それにつれて共産党はその反動でますます勢いを増すだろう。」（『海南新聞』一九三二年二月五日付）

治安維持法のもとでは共産党は取り締まりの対象ですから、新渡戸もこれを「こわい」とするのは当然ですが、同時に「もっとこわい」のは軍閥だ、と言うのです。オフレコのため本音が出たものと思います。

だが、当の軍閥につながる筋からすれば、とんでもないことです。在郷軍人会は新渡戸に自決を求める決議を行いました。さらに、右翼筋からさまざまな攻撃を受け、新渡戸は一時ノイローゼになったようです。これが松山事件と言われるものです。

松山事件から二カ月後、新渡戸は渡米し、翌年（一九三三年）三月まで、カリフォルニア大学で連続講義をします。これが前述した「日本文化の講義」です。さらに一九三三年八月には太平洋問題調査会理事長としてカナダでの太平洋会議に出席し、懸命に国際協調と戦争回避を訴えますが、膵臓の病で同年一〇月一五日（日本時間一〇月一六日）、七一年の生涯を閉じます。

晩年の新渡戸の著作を読むと、「共存と寛容」の思想に貫かれていることが分かります。新渡戸は、現代にも生命力があるさまざまな業績（団子）を残し、生涯の最後に「共存と寛容」という串を指したのです。

しかし、この「共存と寛容」の思想は、新渡戸の専売特許ではけっしてありません。その思想は世界で普遍的な価値をもつがゆえに、近年に至るまで多くの人たちによって語られています。その代表的なものをいくつか紹介しておきましょう。

柳宗悦――「複合の美」の思想

柳宗悦（一八八九〜一九六一）は宗教哲学者であり、民芸運動の創設者として知られています。新渡戸がカリフォルニア大学で「日本文化の講義」を行ったのは一九三二年でしたが、柳はその二年前の一九三〇年にハーヴァード大学で講義を行っています。新渡戸と共に日本を代表する文化人として認められていたからです。

柳の思想の根底には「複合の美」があります。中見真理氏の著書『柳宗悦』（岩波新書、二〇一三年）から柳の業績の特徴を紹介しておきます。

「柳は、日本が植民地を領有し、文化的同化政策を推進しながらアジアへの侵略を進めていた時代に、世界の平和は、世界が一色になることでは達成されないと考え、『複合の美』を重視して、他民族・多文化が共生する世界の実現をめざそうとした。そして強い国家統制下に、帝国日本の『周辺』に位置する、朝鮮、沖縄、台湾（先住民を含む）、アイヌの人々の文化に目を向け、その独自性ならびに優れた点を称賛した。（中略）多様な文化を互いに活かしあう観点（『複合の美』の観点）と非暴力をあわせもって、理想社会のあり方を考えていた」（同書）。

一面に咲き広がるひまわり畑は確かに美しいですが、すぐ飽きてしまいます。しかし、富良野の縞模様のお花畑は飽きることがありません。多様な文化・芸術の共存は、人の心を寛容にし、美に対する感覚を豊かなものにしてくれます。

近代化や市場化のみに委ねるならば、都市は栄えるかもしれませんが、地方の産業や伝統文化は消えてなくなり、無機質なコンクリート建造物と荒廃した自然のみが残ります。

柳の「複合の美」の思想は、アジアの周辺諸国の民芸を発掘し、それぞれの美と豊かさを賞賛する、民芸運動の中で培われました。

日本の文化は他国のそれよりも優れている、といった独善的姿勢では、世界の平和はつくれないのです。

金子みすずの童謡詩――みんなちがって、みんないい

金子みすず（一九〇三～一九三〇）は、蒲鉾で有名な山口県仙崎の生まれですが、不幸な結婚生活の果てに二六歳で自ら命を絶ちました。生涯に五〇〇編あまりの童謡詩をつくりましたが、その詩の多くは自然の中で見捨てられているものにたいする尊重と慈悲の念、小さなものへの同情に貫かれていました。

二つだけ紹介します。

　　わたしと小鳥と鈴と

わたしが両手をひろげても、お空はちっとも飛べないが、飛べる小鳥はわたしのように、地面《じべた》をはやくは走れない。

わたしがからだをゆすっても、きれいな音は出ないけど、あの鳴る鈴はわたしのように、たくさん

なうたは知らないよ。
鈴と、小鳥と、それからわたし、みんなちがって、みんないい。

大漁

朝焼小焼だ大漁だ
大羽鰮の大漁だ
浜はまつりのようだけど
海のなかでは何万の
鰮のとむらいするだろう

ガルブレイスの「拮抗力」概念

米国の著名な経済学者・ガルブレイスは、一九五二年の著書『アメリカの資本主義』の中で countervailing power という概念を打ち出します。「対抗する力」のことですが、邦訳本では「拮抗力」となっています。簡単に言うと、寡占が支配する現代の資本主義では、労働組合や消費者運動など、経済権力に対する拮抗力が社会の平衡と厚生を保つとする考えです。この拮抗力概念は、「グローバリズムとその対応」論一色に染められつつある現代社会において、ますます重要になっているように思います。大企業や多国籍企業の活動を規制しなければ、格差と貧困がなくならないことは明らかだからです。

また「拮抗力」は政治の世界でも有効な概念だと思います。「一強政治」による横暴を防ぐには、拮抗力としての野党の存在が欠かせないからです。

最後に、東西融和におけるわが国の責任に触れた、新渡戸稲造の言葉を引用して、この講演を終わります。

「模倣に精通し経験を積んだ日本は、東西を対照し組み合わせ、そして結ぶ立場にあるのである。世界がなににもまして必要とすることは、対抗の精神によらず、調和と協力と友好の意志をもって他者を知ることである。」（新渡戸文献④、傍線引用者）

新渡戸稲造文献

① *Bushido: The Soul of Japan*（一九〇〇）（新渡戸稲造著『武士道』、須知徳平訳、講談社インターナショナル、一九九八年）

② *The Japanese Nation*（一九一二）（邦訳「日本国民」新渡戸稲造全集第一七巻、教文館、一九八五年）＊最初の日米交換教授として一九一一～一九一二年の一年間、米国の六大学等で計一六六回行った講演をまとめた

もの。

③ *Japanese Traits and Foreign Influences*（一九二七）（邦訳「日本人の特質と外来の影響」新渡戸稲造全集第一八巻、教文館、一九八五年）＊国際連盟事務次長在任中（一九二〇～一九二六）の講演・寄稿をまとめ、一九三一年にロンドンの書店から出版したもの。

④ *Two Exotic Currents in Japanese Civilization*（一九二九）（邦訳「日本文明における外来の二潮流」新渡戸稲造全集第一九巻、教文館、一九八五年）＊一九二九年一〇月～一一月に京都市で行われた太平洋問題調査会（約一八〇人の外国代表が参加）で配布された論文集の巻頭論文。

⑤ *Japan: Some Phases of Her Problem*（一九三一）（邦訳「日本——その問題と発展の諸局面」新渡戸稲造全集第一八巻、教文館、一九八五年）＊国際連盟事務次長退任時にロンドンの出版社から依頼されて執筆、四年後に脱稿・出版。

⑥ *Lectures on Japan*（一九三二）（邦訳「日本文化の講義」新渡戸稲造全集第一九巻、教文館、一九八五年）＊太平洋問題調査会理事長として米国カリフォルニア大学で一九三二年一〇月～一二月に約二〇回行った講義録。英文の出版は新渡戸没後の一九三六年。

【付記】本稿は二〇一八年六月二三日開催の「新渡戸稲造と札幌遠友夜学校を考える第六回フォーラム」の講演を改題・加筆したものです。

あとがき

私と新渡戸稲造は二本の細い糸で繋がっています。一本目は私のルーツに関わるもので、二本目は私の教育歴に関わるものです。

私の祖父・三島常磐《ときわ》は、一八七三（明治六）年新潟県苅羽郡二田村から来道して、札幌最初の写真館である武林写真館館主の武林盛一に師事し、一八八七（明治二〇）年から同写真館の二代目館主して経営を引き継ぎました。経営移譲後の武林写真館は、札幌の一等地に店舗をかまえ、営業は順調だったようです。

常磐が二代目館主となった四年後の一八九一（明治二四）年、留学先から帰国した新渡戸稲造が札幌農学校の教授となりました。彼は一八九四（明治二七）年一月から貧民子弟対象の夜学校（のちに札幌遠友夜学校と命名）を始めましたが、これには札幌農学校学生と共に札幌独立基督教会の会員が手助けしました。

祖父・常磐は一八八九（明治二二）年に洗礼を受け、札幌独立基督教会の会員になっていました。

公式記録はありませんが、札幌経済界の重鎮であった三島常磐は、独立教会の会員として遠友夜学校の経営に金銭を含む支援を惜しまなかったものと思われます。一九二三（大正一二）年に札幌遠友夜学校は北海道庁から財団法人の認可を受け、寄付行為によって四名の理事が選任されましたが、常磐は会計担当理事として宮部金吾・半澤洵と共に、同校の経営を支えました。

本書の巻頭に札幌農学校教授時代の新渡戸稲造の写真が載っていますが、この写真が武林写真館・三島常磐によって撮影されたことは、下部に記載されているとおりです。

札幌遠友夜学校との関りで言えば、私の父・三島康七（常磐の七男）も北海道帝国大学予科および農学部（動物学専攻）在学中に、夜学校の教師を務めておりました。父・常磐の影響があったものと思われます。

祖父・常磐は一九四一（昭和一六）年に逝去し、父・康七もすでに天国に召されていますが、二代にわたる札幌遠友夜学校への奉仕は、祖父・常磐から三代目に当たる私の人生に少なからぬ影響と運命的な出会いをもたらしています。これが新渡戸稲造と私との一本目の細い糸です。

一九六二（昭和三七）年に私は北海道大学に入学し、一九六六（昭和四一）年に農学部農業経済学科を卒業しましたが、卒業論文の指導教官は高倉新一郎教授でした。先生は、私の父より四年くらい先輩ですが、父より先に遠友夜学校に関わり、教師・庶務主任として同校を支え、一九四四（昭和一九）年に閉校した後も、その記録保存に尽力しました。私が札幌遠友夜学校について詳しく知ることができたのも、高倉先生が書き残された論稿によること大です。

一九七四(昭和四九)年七月から私は、母校・北海道大学農学部農業経済学科に勤務することになりましたが、同学科の会議室には農業経済学教室歴代の教授の写真が掲額されておりました。その最初には佐藤昌介と並んで新渡戸稲造の温厚ながらも厳粛な写真がありました。これが新渡戸稲造と私との二本目の細い糸を意識した始まりでした。新渡戸は佐藤昌介と共に、一八九四(明治二七)年に制度改正で誕生した北大農業経済学科の前身・札幌農学校農業経済学教室の最初の教授だったのです。

私が教授発令を受けた一九九三(平成五)年の秋、教授室に農業経済学科の大先輩である小塩進作氏(元札幌市助役)が訪ねてきました。用件は、近く盛岡市で開催される新渡戸稲造没後六十周年シンポジウムに北大関係者を代表して出席してもらえないかということでした。私は快諾し、小塩氏と共に盛岡に行きました。同年一〇月一五日のことです。そこで、再び運命的な出会いがありました。北大名誉教授で土壌肥料学の権威の石塚喜明先生と、北大物理学教室講師で遠友夜学校の事に詳しい山本玉樹氏がそのシンポジウムに出席しており、二人との雑談の中で、来年(一九九四年)、札幌遠友夜学校は創立百周年を迎えるということを知りました。

私と小塩氏を含めた四人の話し合いの中で、翌年(一九九四年)六月に札幌遠友夜学校創立百年記念事業・講演会を開催することで合意、石塚先生に実行委員長をお願いし、私は事務局長を務めることになりました。実は石塚先生は、私の父の一年先輩であり、遠友夜学校の教師として学生時代のみならず農学部農芸化学科助手時代にも奉仕された方です。祖父のことも良く知っており、盛岡で私の顔を見て、「おじいさんに良く似ている」と言われたことが、強く印象に残っています。

ともあれ遠友夜学校創立百年記念の講演会は、一九九四（平成六）年六月二二日に北大学術交流会館で三〇〇名近い参会者を得て終了し、翌一九九五（平成七）年には、この講演会の内容に遠友夜学校の元教師や卒業生の投稿を加えて、『思い出の遠友夜学校』という本を出版しました（北海道新聞社刊行）。私はその編集の実務に携わりました。

ところが、新渡戸稲造との関りは、遠友夜学校創立百年記念事業で終わりとなりませんでした。北海道大学は一八七六（明治九）年の札幌農学校開学から数えて、一九九六（平成八）年で創立一二〇年を迎えることになり、その記念事業の一つとして北大構内ポプラ並木横の花木園に「新渡戸稲造博士顕彰碑」（銅像）を建立する事業が、同窓会関係者を中心に立ち上げられたからです。この事業の事務局長格には前述の小塩氏が座り、私の講座（農業市場論）が事務局を担当しました。しかし不幸なことに小塩氏が重篤な病気になり、私が事実上の事務局長を担当することになりました。

幸い顕彰碑建立事業は北大同窓生の大きな支援があり、一九九六（平成八）年一〇月七日に除幕式を行うことができました。顕彰碑背面の銘板には新渡戸稲造の簡潔な業績が彫られていますが、その原文は私が書きました。また、除幕式当日、北大農学部大講堂で記念の講演会があり、私が指名されて「新渡戸稲造――その業績と現代的意義」と題して講演し、翌年、農学部同窓会誌にその全文が掲載されました（本書1章）。これが新渡戸についての私の論稿の嚆矢です。

爾来、私は本職の農業経済学の教育研究の傍ら、新渡戸稲造や遠友夜学校に関する数本の論文を断続的に発表してきました。そして二〇〇〇年から北大一年生を対象とした一般教育演習を担当し、学生と共に新渡戸稲造『武士道』を毎年、輪読してきました。それは二〇〇六（平成一八）年に私が北大を定年退職した後も非常勤講師としてさらに二年間続けられました。

このように私は、一九九三（平成五）年から札幌遠友夜学校創立百年記念事業、新渡戸稲造博士顕彰碑建立事業、北大生対象の武士道ゼミ、といった仕事を行ってきましたが、こうした私の新渡戸関係の仕事が評価され、幸運にも二〇一〇年度「新渡戸・南原賞」（新渡戸・南原基金主宰、代表・鴨下重彦）を受賞する栄誉にあずかりました。私は新渡戸稲造の専門的研究者ではなく、当時は新渡戸に関する著書もなく、受賞には内心忸怩たるものがありましたが、今回、ようやく一書を著すことができて、正直ほっとしています。

専門的研究者でない私が、新渡戸稲造に関する一書をまとめる上で励みになったのは、新渡戸『農業本論』にある「学問の要は概括にある」という言葉です。本著作の内容もまさに「概括」であり、他の専門的研究者の研究から多くの知見を得て書かれたものです。参考文献については3章、4章を除いて記載していませんが、ご寛恕いただきたいと思います。

なお数年前から私は、「一般社団法人　新渡戸稲造と札幌遠友夜学校を考える会」（前理事長秋山孝

二、現理事長松井博和）において企画した「新渡戸稲造全集」の読書会を主宰し、「農業本論」「日本国民」「日本文化の講義」ほか数点の著作を約一〇名の人達と勉強してきました。本書の一部は、ここでの議論を踏まえ書かれていることを付記しておきます。

終わりにあたり、本書の草稿を評価し、出版の橋渡しをしていただいた元東京大学出版会編集局長・現北海道大学出版会相談役の竹中英俊氏に感謝の意を表します。

三島 徳三

二〇二〇年二月

三島徳三（みしま　とくぞう）

1943年東京生まれ。1968年北海道大学大学院農学研究科修士課程修了。酪農学園大学・北海道大学・名寄市立大学で42年間大学教育に従事。北海道大学名誉教授。農学博士。日本農業経済学会・日本農業市場学会各名誉会員。

新渡戸関係では、北大在職中に札幌遠友夜学校創立百年記念事業、新渡戸稲造顕彰碑建立事業に関わり、自らは北大の1年目学生を対象とした武士道ゼミを指導した。現在は「一般社団法人新渡戸稲造と札幌遠友夜学校を考える会」で新渡戸読書会を主宰。2010年度新渡戸・南原賞受賞。

著書は『規制緩和と農業・食料市場』（日本経済評論社）、『農業市場論の継承』（日本経済評論社）、『地産地消と循環的農業』（コモンズ）、『TPPと日本の選択』（筑波書房）、『よくわかるTPP協定』（農文協）など多数。

新渡戸稲造のまなざし

2020年4月24日　第1刷発行

著　者　　三　島　徳　三
発行者　　櫻　井　義　秀

発行所　北海道大学出版会
札幌市北区北9条西8丁目　北海道大学構内（〒060-0809）
Tel. 011(747)2308・Fax. 011(736)8605・http://www.hup.gr.jp/

㈱アイワード

ISBN978-4-8329-3407-8